Frl. Wommy Wonder
»... so als Mensch!«

*Szenen aus einem kabarettistischen Travestival
mit Texten von Michael Panzer und Mike Erdmann*

Mit einem Vorwort von Robert Kreis

BLEICHER VERLAG

Dieses Buch widmen wir Romy Haag mit herzlichem Dank fürs rechte Wort am rechten Ort sowie allen Theaterbesuchern, die aus Frl. Wonder das gemacht haben, was sie heute ist.

Die Deutsche Bibliothek – CIP-Einheitsaufnahme
Panzer, Michael: »... so als Mensch!« / Frl. Wommy Wonder.
Szenen aus einem kabarettistischen Travestival mit Texten
von Michael Panzer und Mike Erdmann. Mit einem Vorw.
von Robert Kreis. – 1. Aufl. – Gerlingen : Bleicher, 1998
ISBN 3-88350-113-1

© 1998 bei Bleicher Verlag, Gerlingen
1. Auflage
Alle Rechte vorbehalten
Herstellung: Wilhelm Röck, Weinsberg
Umschlagfoto: Ulli Wellinger & Jochen Kuhnle, Friolzheim
ISBN 3-88350-113-1

Inhalt

Widmung (Robert Kreis) 7
Kurzes Vorwort (vom Fräulein selbst) 8

**Mixed Pickles –
per »Traumexpreß« ins »Wonderland!«** 11
Ich bin schließlich 'ne Dame 13
Aus dem Leben einer Diva 15
A little girl from Tübingen 18
Sissi – Schnipseljahre einer Kaiserin 21
Am Hofe von Kaiserin Sissi (Teil 1) 22
Elfriede Schäufele 23
Die Popmaus aus Plattling 27
Vor dem Spiegel 29
Das Pfälzermädel 31
Die immer kesse Stéphanie 34
Milvas Geheimnisse 37
Nur ein Star 38
Schäufele-Rap 40
Was ist das Ziel? (Abschminke) 42

Nur Küsse schmecken besser! 45
Guten Abend 47
Aus dem Leben einer Diva 49
Zu schwäbisch fürs Geschäft 53
Eine kleine Schlachtmusik
  (Gerlinde & Max Teil 1) 56
Fünf Stichwortfragen 60
Talk Dich frei! 61
Jungfrau auf Wanderschaft 73

... als wärst Du noch hier 75
Elfriede Schäufele 78
Ich will so bleiben, wie ich bin (Elfriedes Song) ... 82
Sissi – Wechseljahre einer Kaiserin (Teil 2) 84
Weil's von Herzen kam (Abschminke) 85
Zugabe: Die Geschichte von den drei Frauen 87

Isch freu misch! 89
Melodien für Ilonen 91
Isch freu misch! 95
Aus dem Leben einer Diva 97
Küßchen, Küßchen 102
Leichte Krawallerie (Gerlinde & Max Teil 2) 107
Nochmals fünf Stichwortfragen 111
Stadel-G'schichten – eine kleine Trachtmusik .. 112
Die ewig junge Zsa Zsa G. 122
Zsa Zsas Lied 124
Reflexionen ... das Schutzengel-Lied 126
Die Jungs vom Hinterhof 132
Elfriede Schäufele 134
Sissi – Neues vom Kaiserhof (Teil 3) 137
Nur für den Augenblick (Abschminke) 138

Der Mann dahinter 141
Das schreibt die Presse 142
Fotonachweise 143
Kontaktadresse 144

Eine kleine Widmung für Frl. Wommy Wonder

Vor ein paar Jahren gastierte ich mit meinem »Kreislauf der Zeit« mehrere Monate im Stuttgarter Varieté »Friedrichsbau«. Genau zu der Zeit machte ich per Zufall die Bekanntschaft sowohl von Frl. Wommy Wonder als auch dem Mann, der sich hinter der Maske verbirgt. Und aus dieser ersten abendlichen Begegnung ist mittlerweile eine Freundschaft entstanden, die über die Jahre hinweg gehalten hat.
Wommy und Michael – sie beide sind in meinen Augen harte Arbeiter, denen keine Anstrengung zu groß ist, ihr Publikum zu beglücken und in ihren Bann zu ziehen. Und beiden gelingt es, auch hinter den Kulissen trotz ihres Erfolges bescheiden zu bleiben – ein Charakterzug, der nun heutzutage leider bei vielen Künstlern eine Seltenheit ist.
Für mich ist Frl. Wonder nicht nur eine Vollblutkünstlerin, die ihr Publikum im Sturm nimmt, wenn sie ihren Cocktail aus frechen Conférencen, subtilem Kabarett und unkonventioneller Travestie braut und dabei das bloße Playback nahezu für tot erklärt; sie ist für mich mehr: ein Mensch, der sich seinen Charme und seine Warmherzigkeit bewahrt hat und dies auch privat ausstrahlt. Ich freue mich für Wommy, daß er/sie in so kurzer Zeit ein so zahlreiches und enthusiastisches Publikum gefunden hat. Mein Wunsch für die Zukunft: eine lange Laufbahn auf den Brettern, die für uns wirklich die Welt bedeuten. Und Ihnen viel Spaß bei der Lektüre ...
Stuttgart im Oktober 1997　　　　　　*Robert Kreis*

Kurzes Vorwort (vom Fräulein selbst)

Dieses Buch hätte nicht entstehen können, wenn nicht sieben Milliarden Fans allein in Baden-Württemberg uns seit Jahren die Stange gehalten hätten.
Immer wieder erreichten uns Briefe mit Bitten wie dieser: »Wann endlich gibt es ein Buch von dieser Frau, damit man sie auch einmal mitten im Satz wegstellen kann?«
Nun, das jahrhundertelange Warten hat sich gelohnt. Hier ist es, das erste Vademekum von Fräulein Wonder, eine kleine Aphorismensammlung mit Aperçus und Bonmots aus den Programmen der vergangenen Jahre – klein, handlich, billig, zierlich ... ganz wie das Fräulein selbst.
Marcel Reich-Ranicki meinte übrigens kurz nach der Lektüre eines Probedruckes, das Büchlein sei äußerst wertvoll – es dürfe künftig unter keinem Küchentisch fehlen.
Nun denn: frisch ans Werk und viel Spaß!

PS: Kaufen Sie am besten zwei Bücher – was Sie im einen nicht verstehen, können Sie dann im andern nachlesen.

PPS: Natürlich setzen wir das Buch nach der alten Schreibweise ... man muß nicht jede Neuerung mitmachen! Und warum sich mit 30 noch umgewöhnen?!

PPPS: Anschnallen – jetzt geht's los

Vor Anbeginn aller Zeit
erschuf der Herr ein Wesen,
dessen Liebreiz und Schönheit
niemand widerstehen konnte.

Gott betrachtete sein Werk
und sah, dass es gut war.

Er nannte dieses Wesen
Claudia Schiffer.

Aus den Resten
kratzte er sich ein Gebilde der
 Extreme zusammen,
eine Symbiose von schwäbischem
 Temperament
und der Eleganz einer Kaffee-
 kanne.

Gott betrachtete sein Werk
– und nahm sich einen Tag frei.

Urteilen Sie selbst,
liebe Menschheit,
hier ist sie,
hier ist …

Frl. Wommy Wonder

Mixed Pickles –
per »Traumexpreß« ins »Wonderland!«

[Premiere: 1.-13. August 1995, Renitenztheater Stuttgart]

.... mixed pickles 11

»**Mixed Pickles**« nannten wir unser überarbeitetes Best-Of aus den ersten beiden Programmen »Traumexpreß« und »Wonderland!« – vom Konzept her klassische Travestie mit unkonventionellen Parodien, frechen Conférencen und einem guten Anteil Kabarett, der besonders für »Wonderland!« kennzeichnend war.
Bei Wommys Symbiose von Kabarett und Travestie sucht man Federkronen, Paillettenschleppen und Boas vergeblich; dafür zeichnet etwas anderes ihre Programme aus: die Karikatur, die Kunst der kleinen Seitenhiebe und Sticheleien.
Daß Frl. Wonder dabei ihre schwäbische Herkunft nicht verleugnet, wird ihr zumeist als charmant angerechnet – von »schwäbischer« Travestie kann aber keine Rede sein. Außerhalb Stuttgarts läuft das Programm in reinster Schriftsprache.
So berichtet in »Mixed Pickles« Alexandra mit bewegtem Pathos aus ihrem Leben, der Spatz von Avignon flattert gen Showhimmel, und Frau Monroe enthüllt mit völlig neuer Stimme kleine Geheimnisse. In einem Diva-Crashkurs lernen wir Benehmen, dann lauschen wir Wommys Gebrauchsanleitung für den Umgang mit Männern, und Liz Taylor erlaubt einen melancholischen Blick hinter Fassaden und Kulissen; ein Abstecher in die Oper steht ebenso an wie einer an den Hof von Kaiserin Sissi. Schließlich hat dann Raumpflegerin Elfriede Schäufele wie immer viel zu erzählen, und Frl. Wonder läßt komplett die Hüllen fallen. Das glauben Sie nicht? Dann schauen Sie doch einfach mal vorbei bei dieser »Hymne an die Weiblichkeit« …

Ich bin schließlich 'ne Dame
(aus »Wonderland!«)

Vom weißen Pelzmantel (aus echtem Teddy-Plüsch) über goldene Umhänge bis hin zum kurzen Glitzermini geht unser Begrüßungslied, zu dem Udo Jürgens die musikalische Vorlage geliefert hat ... ein echtes Sahnestückchen.

Hallo, hier heut abend so kurz nach acht,*
Da hab ich für Euch mich heut feingemacht.
Ich bin eine Diva – ganz schwäbisch adrett,
Bekannt als das tanzende Bügelbrett.

Seid willkommen heut nacht,
Fräulein Wonder mein Name,
Ich bin für Euch heut 'ne Dame!

Auf das »Fräulein«, da lege ich sehr großen Wert,
Das zeigt, ich leb keusch, und das ist nie verkehrt.
Ich lebe mein Leben meist sehr solid,
Das nennt man den kleinen Unterschied.

---
* alternativ für die späteren Abendstunden:
  Hallo, hier heut abend so kurz nach neun,
  Da möcht ich Euch mit meiner Gegenwart freu'n.
oder:
  Hallo, hier heut abend so kurz nach zehn,
  Da darf ich für Euch auf der Bühne steh'n.
Für »kurz nach elf« fiel mir noch kein geeigneter Reim ein, aber um die Zeit sind anständige Fräuleins normalerweise auch nicht mehr auf der Bühne. Falls doch, dann bitte noch eine Stunde durchhalten, bei »Mitternacht« funktioniert der Reim von »kurz nach acht« wieder ...
Ist Deutsch nicht herrlich?

.... mixed pickles 13

Ich bin charmant und diskret,
Aber nie die Infame!
Schlicht und einfach 'ne Dame!

Sprechtext:
Für diejenigen, die mir das nicht so ganz glauben,
gibt's jetzt ein wenig Fleisch aus der Provinz.

(Fräulein Wonder entblättert sich daraufhin und steht unter allgemeinem Beifall nur noch im knappen, tief ausgeschnittenen schulterfreien Supermini auf der Bühne.)

Ein Geständnis zum Schluß, bei mir ist nicht alles echt.
Doch manch andre wie ich, die verdient da nicht schlecht.
Grad eine wie ich ist heut allseits präsent
Und wurde durchs Fernsehen ganz prominent.

Aber ich mache nie für Konfitüre Reklame,
Denn ich bin schließlich 'ne Dame.

Sprechtext:
Naja, nicht immer – aber immer öfter!
Für die einen bin ich nur Frl. Wommy Wonder ... für die anderen aber die längste Praline der Welt. Und zumindest für Männer mit Phantasie bin ich so wertvoll wie ein kleines Steak ... aber Vorsicht: is cool, man!

Aus dem Leben einer Diva

»Meine Röcke sind so kurz wie die Lebensspanne des Mannes, der mich mal kriegt ...«

Frl. Wonders Gedankensplitter zu Themen der Zeit

Tankstellen: Es ist mir beinahe unmöglich, gerade Beträge zu tanken. Ich schaffe immer nur ungerade Summen, zum Beispiel 19,98 DM oder 19,99 DM ... oder 20,03 DM. Als ich letztens einmal für genau 20,- DM tanken wollte, bin ich deshalb zu dem freundlichen Mann vom Service gegangen und habe gefragt, ob er mir etwas einfüllen könne. Da schaute er mich kokett an und fragte »Was darf es denn sein, Frl. Wonder. Super oder Normal?« Da war ich keck und meinte: »Was paßt denn besser zu meiner Figur?« ... Naja, dann gab's Diesel.

Stöckel: Man fühlt sich auf Stöckeln wie die kleine Meerjungfrau – jeder Schritt ein Schmerz!
Hohe Absätze, das ist Selbstmord auf Raten. Männer haben einfach keine Ahnung, was 18 cm im Leben eines jungen Fräuleins für Schmerzen verursachen können ...

Bescheidenheit & Lebensstil: Ich lebe zwar ab und an über meine Verhältnisse, aber immer noch unter meinem Niveau.
Trotz meines Erfolges bin ich über die Jahre hinweg immer recht demütig in meinen Ansprüchen geblieben und habe sogar in meinem Testament vermerkt: »Sollte ich einmal sterben – das ist noch nicht sicher, denn ich denke immer, Sterblichkeit ist was fürs Proletariat –, dann möchte ich nicht, daß an meinem offenen Grab soviel Gedöns gemacht wird wie damals bei Marilyn Monroe.« Zeugt das nicht von Bescheidenheit?
Aber die Rezession macht auch vor mir nicht halt: Früher konnte ich noch in Champagner baden, heute muß ich ihn schon trinken.

Nervosität: Schlimm, schlimm! Ich muß zu Beginn eines jeden Programmes von rechts nach links über die Bühne huschen, um meine Nervosität abzustökkeln. Es gelingt mir aber nie vollständig, denn bis das ganze Lampenfieber abgebaut wäre, wäre ich knappe zehn Kilometer weiter ... dann stünde ich bei den meisten Städten in der Nähe vom Bahnhof, und da könnte ich mir mein Geld dann wahrlich anders verdienen.

Doktor Scholl: Doktor Ägidius Scholl ist mein Leib- und Magenorthopäde und hat als einziger Mensch der Welt 365 Tage im Jahr Geburtstag. Er war früher fünf Jahre lang Testpatient bei der AOK Stuttgart, und ich sage Ihnen, schneller als er ist keiner für ein Stück Käse durch die Gänge geflitzt. Ich habe ihn dann aus humanitären Aspekten mit Freunden in einer Nacht- und Nebelaktion aus dem Labor befreit, und seitdem dankt er es mir mit einer tierischen Anhänglichkeit. Mittlerweile ist er stubenrein und dabei absolut pflegeleicht in der Haltung (er ißt alles, was vom Tisch abfällt). Sollte er sich mal verlaufen – nicht schlimm, ich habe ihn zur Vorsicht hinterm Ohr tätowieren lassen.

Da bei mir die Angestellten nach Gewicht bezahlt werden, achte ich als Schwäbin deshalb auch immer darauf, daß Leute wie Doktor Scholl dürr bleiben. Momentan ist er recht schlank; wenn er sich auf einen Hundertmarkschein setzt, schauen rechts und links noch 99,50 DM raus.

Doktor Scholl meint immer, er gehöre zu den oberen Zehntausend. Für mich ist er wirklich die letzte Null und der lebendige Beweis dafür, daß auch der liebe Gott Fehler macht. Als Schwabe ist er dann auch so sparsam, daß er zumeist mit nur einem Gesichtsausdruck auskommt ... wenn er mal lacht, haben seine Gesichtszüge bis zu fünf Minuten Verspätung.

Männer: Manche Männer hinterlassen einen guten Eindruck nur in feuchtem Lehm.

A little girl from Tübingen
(aus »Traumexpreß«)

»Machen Sie doch mal die Monroe!« Nein, bitte nicht! Reine Starkopien waren noch nie Frl. Wonders Ding. Zur perfekten Frau hat's allein schon wegen der abnormen Körperhöhe nie gelangt ... Aber was wäre, wenn man das altbekannte Monroe-Klischee auf den Kopf stellte und das eigene Manko zum Pluspunkt erhöbe (was ein Deutsch!)? Sozusagen nicht »die Monroe« machen, sondern was »auf die Monroe«. Der Gedanke schien reizvoll.
Also entwickelte Wommy die Figur einer korpulenten blonden Hausfrau, die mit allen gewünschten Reizen von Mutter Natur im Übermaß beschenkt war. Im Laufe der Parodie verwandelt sie sich zur weißberockten und auf schlank geschnürten Monroe-Doublette, die den Männern den optischen Köder auswirft, den sie zu begehren scheinen; wenn da nur nicht dieses Panflöten-Raffelgebiß wäre, das nicht zu verbergen ist. Aber da Männer wie Pantoffeltierchen doch nur auf Primärreize zu reagieren scheinen, läßt sich darüber doch hinwegsehen, oder? Die vorliegende Parodie, die im gedruckten Text natürlich nicht alle werkimmanenten (man beachte die Wortwahl – Frl. Wonder hat studiert!) Effekte und Pointen der Bühnenversion präsentieren kann, ist darüber hinaus auch eine bissig-liebevolle Reverenz an Wommys geliebte Uni-Stadt. Der Text folgt dabei der allseits bekannten Melodie – wenn auch stark verfremdet und gekürzt.

I'm just a little girl from Tübingen
Und seh fast so wie die Monroe aus.
Kommen Männer mir auf die rüde Tour,
Werd ich schwach und spiel die Prüde nur,
So hab ich fast immer volles Haus.

So manche Schönheit fragt: »Wie stellt man's an?
Wie fängt und verführt man einen Mann?«
Ich behaupt', sie erliegen mir en masse,
Hauch' ich meine Schwüre im Damenbaß,
Ich bin freilich ganz ein steiler Zahn!

Nur ein Blick unters Röckle,
Und die Jungs, die werden Böckle –
Das hab ich schon früh für mich erkannt.

Trag ich dann noch Geschmeide an jedem Finger
Und häng an die Ohren große Dinger,
Frißt man mir aus der Hand,
Ich raub ihm den Verstand,
Das bißchen, das ich fand,
Ui – sehr galant!

Na, mein Schnuckelchen!?
    (wirft blinzelnd eine Kußhand ins Publikum)

Wirft man mir vor, ich sei wohl etwas fies,
So sag ich nur klipp und klar »Präzis!«
Viele Männer, die wollen's so – bitte sehr!
Ich geb Ihnen alles und noch viel mehr.
    (wackelt ausladend kokett mit den Hüften und erstarrt
    kurz darauf vor Schmerz)

.... mixed pickles 19

O heidanei, jetzt hab ich mir's Kreuz ausg'hängt!

Halt ich Männer für so impertinent,
Lüft ich ein Geheimnis, das jeder kennt!
> (der Ventilator enthüllt unter dem Rock eine kleine Sauerei, die sich einfach nicht beschreiben läßt; aus dem Hintergrund ertönt die eine berühmte Textzeile der Monroe im Original)

Diamonds, diamonds are a girl's best friend!

Sissi – Schnipseljahre einer Kaiserin
(aus »Wonderland!«)

Mit dieser Parodie schufen wir ein Markenzeichen, das uns fortan stets begleitet hat und mittlerweile urheberrechtlich geschützt wurde ... Allen Plagiatoren sei warnend ans Herz gelegt.
Bei dieser »Travestie der Travestie« (Stuttgarter Zeitung), die sich bald zu einer »zwerchfellerschütternden Parodie« (Südwestpresse) entwickeln sollte, war ursprünglich nur beabsichtigt, eine Satire auf Heimatfilme zu präsentieren. Daß wir dabei auf die Sissi-Filme stießen, war purer Zufall – wir suchten lediglich eine allseits bekannte Figur, die auf der Bühne keinerlei großer Einführung bedurfte. Und dafür waren Romy Schneiders haßgeliebte Jugendfilme ideal. Aus den Originaltonspuren schnipselten wir eine neue Handlung mit verschiedenen Slapstickelementen zusammen, und aus dieser Idee heraus entstanden nach und nach diverse Sissi-Parodien, die alle eins gemein haben: eine unbändige Lust an der Satire unter Hinzuziehung der abstrusesten Stilelemente.
Egal, ob ein Peter-Alexander-Titel oder Melodien aus Winnetou-Filmen sich in die Nummer verirren, ob Vicky Leandros Kaiserin Sissi ihre Stimme leiht oder Franz und Sissi mit den Tücken der modernen Technik zu kämpfen haben – all diese Anachronismen sowie die jeweils über 300 digitalen Schnittbearbeitungen machen diese kultigen »Schnipseljahre« liebenswert.

.... mixed pickles 21

Am Hofe von Kaiserin Sissi
Der Komödie 1. Teil (Die Sache mit dem Hochzeitstag)

Wir besuchen in dieser ersten Episode Sissi an ihrem Hochzeitstag, werden Zeuge einer besonderen Geschenkübergabe und erleben Sissi und Franz, wie sie die Fallstricke moderner Technik zu meistern versuchen; ach ja, eine bekannte Karl-May-Melodie hat hier auch ihren ersten Auftritt. Das Ganze geht mit 311 Schnitten genau 7'51 Minuten – was ein Genuß!

Franz: Ich hätte Dich kaum wiedererkannt, Du bist sehr hübsch geworden.
Sissi: Ich hätte mich auch gewundert, wenn es anders gewesen wäre.

Elfriede Schäufele
Versuch einer Beschreibung

Elfriede Schäufele, Fräulein aus Überzeugung und Raumpflegerin aus eigenen Gnaden, kann man schlecht beschreiben – so eine muß man erleben. Diese »zweibeinige Bodenwaschanlage« (Esslinger Zeitung) mit einer »Schwertgosch, die dem Volk aufs Maul schaut« (Stuttgarter Zeitung) und ihr Publikum »quasi in Windeseile in Lachkrämpfe versetzt« (Schwarzwälder Bote), ist eine »liebenswert-kultige Botschafterin fürs Volk« (Mannheimer Morgen), »schwadroniert über Themen, die uns alle heimlich interessieren, und gibt Antworten auf Fragen, die niemand zu stellen wagte« (Südwestpresse). »Seltsam, doch es funktioniert: Sie reiht Kalauer an Kalauer, versieht alte Gags mit neuen Pointen und ist dabei doch stets aktuell, hart am Nerv der Zeit und immer direkt im Herzen der Zuschauer.« Diesem Zitat aus der Ludwigsburger Zeitung können wir uns nur anschließen.

Elfriede ist Schwäbin mit Leib und Seele und das Ebenbild jener Sorte Frau, die man gemeinhin vom Tratsch im Treppenhaus kennt. Bei allen bissigen Sticheleien, die sie sich von der katholischen Seele redet, ist sie in dem, was sie macht, völlig konsequent, singt nebenbei oft und gerne bei den Fischerchören mit und kommt damit auch ziemlich viel in der Weltgeschichte herum. Eben dieses mondäne Auftreten ist ihr ein willkommener Gegenpart zur ansonsten recht bodenständigen Herkunft, die sie zwar nie verleugnet, aber nur zu gerne vergessen lassen würde.

.... **mixed pickles** 23

So plappert sie munter drauflos über Gott, Welt, Prominenz und am liebsten über die gemeinsamen Erlebnisse mit ihrer Busenfreundin Elvira – ganz so, wie ihr der schwäbische Schnabel gewachsen ist. Daß sie dabei alles Gehörte und Gesehene erst durch den Filter ihrer Weltanschauung betrachtet weitergibt, scheint sie nicht besonders zu stören. Aber vielleicht ist es auch gerade diese volksnah-ehrliche Offenheit, verbunden mit ihrer doch recht korpulenten Erscheinung, die sie so sympathisch und beim Publikum beliebt macht. Wir wagen es nicht, ein Programm ohne Elfriedes bissige Kommentare zu machen. Versprochen.

Ich war Mannequin bei Sagrotan!

Blind herausgegriffen ein paar programmunabhängige Auszüge aus ihren Reflexionen und Tiraden:

– Wir leben alle unter demselben Himmel, haben aber nicht alle den gleichen Horizont.
– Was hatten wir früher? Ruhe, Ordnung, Sicherheit! Was haben wir heute? Samstag!
– My lovely Mister Singing Club – mein lieber Herr Gesangverein –, ich putze nur mit biologischen Mitteln, ich bin eine echte Pflegetarierin.

Fischerchöre: Sie wissen vielleicht, ich singe bei den Fischer-Chören mit. Herr Fischer ist der einzige Chorleiter in unserem schönen Gesamtdeutschland, der seinen Vornamen noch zu recht trägt.
Bei Gotthilf bin ich seit mehr als einem Vierteljahrhundert fest unter Vertrag. Damals stand eine Anzeige in der Zeitung: »Die Fischerchöre suchen SängerInnen beiderlei Geschlechts.« Naja, wer hat das heutzutage schon?!
Gotthilf ist so stolz auf mich, ich bin die einzige Raumpflegerin in Stuttgart, die das Hohe C nicht nur trinken, sondern auch singen kann.
Bei ihm sitz ich eigentlich am längeren Hebel – ich kann viel schneller singen als er dirigieren.
Was das Schönste bei unseren Konzerten ist? Beim anschließenden Empfang die Schlacht am kalten Bidet.

Frl. Wonder: Alles nur Betrug. Die ist keine echte! Jawohl, das Fräulein ist ein echter Transrapid und macht eine Transistorenshow.

.... mixed pickles 25

Travestie: Männer in Frauenkleidung! Obwohl der liebe Gott das in der Bibel doch schon verboten hat! Ich frage mich immer, aus welchen sozialen Verhältnissen so ein junger Mann kommt. Weiß er überhaupt, was er seiner Mutter damit antut? Oder ist sie vielleicht sogar schuld dran? Hat sie früher nicht richtig gekocht? Gab's freitags vielleicht kein Fleisch? Also – ich danke dem Herrn jeden Morgen beim Rosenkranz auf Knien dafür, daß ich frei bin von solchem Übel.

Kirche: Ich bin katholisch, das heißt Jesusfaktor positiv und wasche mich nur im BH-neutralen Bereich. Auch ansonsten bin ich recht keusch: Immer wenn ich unter der Dusche stehe, seife ich ausgiebig die Armaturen ein, damit sich meine sündhafte Blöße nicht spiegelt.
Jeden Morgen gehe ich zur Messe – Kirche ist für mich so etwas wie der ADAC fürs Jenseits, und da bin ich dann schon am liebsten in der besten Prämienklasse. Nach der Messe unterhalte ich mich gerne in der Sakristei mit dem Pfarrer über die aktuelle Predigt. Ich liebe die Sakristei, sie ist für mich so etwas wie die Tunika-Oase.

Führerschein: Mein Führerschein ist seit kurzem in Flensburg zur Kur ... Punktediät. Den habe ich auf eine dumme Art verloren: Ich hab auf der Autobahn einen Geisterfahrer überholt.

Längst verschollen geglaubt und wieder für die Nachwelt entdeckt – Resttexte aus »Traumexpreß«:
Die Popmaus aus Plattling

Was waren das noch für Zeiten, als das bayerische Cowgirl übers Parkett wedelte, Nickis Stachelfrisur die Hobbypsychologen von »Blaues Blatt« bis »Frau im Koma« wochenlang beschäftigte, ihre unbekümmert-zaghaften Tanzschritte uns amüsierten und ihr »Wenn i mit Dir tanz'« wochenlang beinahe täglich über den Äther schallte. Grund genug für eine Parodie, die allein schon deshalb Schmunzeln erregte, weil Frl. Wonder ihre knapp zwei Meter optisch auf Nicki-Größe (etwa 1,50 m) zu verzierlichen suchte, wenn sie folgende Zeilen intonierte:

Wenn i mit Dir tanz, bin i immer adrett,
I seh niedlich aus und bin au sonst furchtbar nett;
Wenn i mit Dir tanz, hupf i rum wia a Pferd,
I bin wohl mein ganzes Geld wert.

In dieser unsrer wunderbaren Welt
Ist alles, was heut zählt,
Allein das liebe Geld.
Ein jeder Mensch denkt heut nur noch an sich,
Nur i, i bin da cool,
Ich denke nur an mich.

Hm, wenn i mit Dir tanz, dann vergeht schnell die Zeit,
Mir geht's halligalli – alle Sorgen sand weit;
Wenn i juck und zuck, lern i's Tanza glei mit,
Zu jedem neuen Hit *oin* Schritt.

.... **mixed pickles** 27

Des »R«, des roll i wie die Carolin,
Frau Reiber, die ist hin –
Und i, i bin jetzt Queen,
I hab montiert, weil i, i bin so klein,
Damit i größer wirk,
Zwei Stelzen ans Gebein.

Wenn i mit Dir tanz, wippt mai Knie rauf und ra,
Des macht mir nix aus, denn dazu ist es ja da-ha,
Wenn i tanz und sing mit 'ner zierlichen Stimm',
Ist des für mai Kass' an Gewinn.

Die kleine Tina Turner werd i g'nannt,
Mai Haarpracht is bekannt
Im ganzen deutschen Land.
Bin Niederbayerns Blusenwunder gar,
I sing und tanz wie wild,
Und des seit ein paar Jahr.

Wenn i mit Dir tanz, sind meine Schritt' meistens
                                              gleich,
Des is zwar monoton, doch es macht mi stinkreich.
Doch i han's so gern, wenn Ihr Beifall mir zollt,
Mi freut's, wenn der Rubel dann rollt,
Man nennt mi »Madame 1 000 Volt«,
I hab fei a Herzle aus Gold,
I hoff, daß Ihr mi jetzt no wollt,
Au wenn mi die Zeit überholt … Rrrrrrrr.

Vor dem Spiegel *(Elegie einer älteren Diseuse)*

(Ältere Sängerin mit biederem Kostüm und grauer Frisur macht sich vor dem Spiegel für den Auftritt zurecht)

Die Jugend ist schon nicht mehr wahr,
Das wird mir täglich grausam klar,
Gleich früh am Morgen.

Sie ging dahin, eh ich's versah,
Ich merkte nicht, wie es geschah,
Das macht mir Sorgen.

Mein Leben lang, da spielte ich,
Doch heute merk ich bitterlich:
Ich darf nicht klagen.

Angeblich sei das Alter schlecht,
Nur Jugend macht es jedem recht,
So hört man sagen.

Die Bühne lockt mit ihrem Glanz,
Lädt ein, in Spiel, Musik und Tanz
Sich aufzugeben.

Das Publikum will Illusion,
Für mich bleibt dabei nur als Lohn
Ein Doppelleben.

Ich seh im Spiegel ein Gesicht,
Jedoch – das meine ist es nicht,
Das bleibt verborgen.

……… **mixed pickles** ……………………………29

Die graue Ente wird zum Schwan,
Zieh Kleid ich und Perücke an,
Verschweig die Sorgen.

(Während des folgenden Instrumentalzwischenstücks setzt sie sich eine mondäne brünette Perücke auf und wechselt das Kostüm; sie trägt nun ein Glitzerkleid für den Auftritt)

Voll Inbrunst bin ich Euer Star,
Das Feuer lodert hell und klar,
Das ich entfache.

Die Band, die spielt das letzte Stück,
Es fällt der Vorhang, geht das Glück,
Und ich erwache.

Ich bin allein und niemand fragt,
So vieles bleibt doch ungesagt.
Ich möchte reden!

Doch meine Pflicht, die ist erfüllt,
Von mir will jeder nur ein Bild,
Das ist mein Leben.

Ich schmink mich ab und kehr zurück
Aus meinem Traum vom Stückchen Glück,
Bin in Gedanken.

Und wieder einmal wird mir klar,
Nur Jugend zählt heut offenbar.

Das Pfälzermädel

Irgendwann wurde an uns die Bitte herangetragen, doch auch einmal eine politische Größe abseits der üblichen Normen zu parodieren. Schwierig gestaltete sich dabei die Suche nach geeigneten »Opfern«. Der männliche Teil unserer Obrigkeit fiel schon qua Chromosomensatz aus dem Raster, und beim weiblichen bestand die Schwierigkeit darin, herausragende und allseits bekannte Persönlichkeiten zu finden, die auf den ersten Blick erkennbar waren. Regine Hildebrand gab's damals noch nicht, eine Claudia Nolte kannte man nur vom Hörensagen, Christiane Herzog hatte noch keine Kochsendung, und für Rita Süßmuth war Frl. Wonder definitiv zu gepflegt.

Blieb nur noch die Gattin des Bundeskanzlers, für die wir einen Auftritt vorsahen, der Freund und Feind gleichermaßen amüsieren sollte, ohne die dargestellte Person zu verletzen oder der Lächerlichkeit preiszugeben. Im schicken Einteiler in den Bundesfarben erschien sie majestätisch zum Interview, äußerte sich dann neben diverser Schleichwerbung über Pfälzer Saumagen im allgemeinen, ihren Mann im besonderen und ihre karitative Arbeit im sonstigen. Immer begleitet von diesem gewinnenden Lächeln, für das sie bekannt war und ist.

Daß das Zitat »Bei mir ist die Menge an Privatleben wenig. Dann ist sie aber doch wieder recht viel; mengenmäßig wenig, qualitativ und ansonsten recht happig« wirklich von ihr stammt, glaubten uns die wenigsten und wurde uns oftmals als Bosheit ausgelegt. Aber nicht doch: Das Zitat stammt aus der letzten »Mensch Meier«-Sendung mit Alfred Biolek. Wer's nicht glaubt, soll nachschauen.

·········· **mixed pickles** ·················31

Und hier eins ihrer Lieder:

Hallo, ich heiße Hannelor' und bin im besten Jahr!
‣ Mein Helmut ist heut auswärts, und ich sitz alleine da;
Er schafft die ganze Woche schon im schönen Bonn
am Rhein,
Und ich sitz hier bei mir in Oggersheim.

Was kann mein Helmut denn dafür, daß er Herr
Kohl ist,
Was kann mein Helmut denn dafür, daß man ihn
wählt?
Daß er viel Sitzfleisch hat und stets der ruhige Pol ist?
Zum Kanzler reicht's, und dafür kriegt er auch noch
Geld.

Mein Helmut kann ja nichts dafür, daß er Herr Kohl ist,
Doch mußt' es ausgerechnet Bundeskanzler sein?
Er wußt von Anfang an, daß mir dabei nicht wohl ist,
Er sitzt in Bonn und ich allein in Oggersheim.

Als Kanzlergattin bin ich nur die Nummer drei im
Staat
Und hab ein Ohr parat, wenn Helmut Kummer hat.
Am Wochenende kommt er heim, umarmt mich; ja,
mir scheint's,
In seinem Leben bin ich Nummer eins.

Was kann ich tun, wenn ihn so viele Sorgen plagen,
Und wenn die Lage der Nation ihn fast erstickt?
Es heißt, die Liebe geht zuerst mal durch den Magen,
Darum versuch ich es mit seinem Leibgericht.

Ich koch am Abend für ihn dann einen Saumagen,
Garniert mit Knödeln, das ist, was er wirklich will.
Gibt er nach fünf Portionen endlich sich geschlagen,
Nennt er zärtlich mich die neue Pfanni Hill.

Von Oggersheim zum Wolfgangsee führt uns die
                                                        Ostertour,
Denn Helmut geht auf Kur und gönnt sich die Tortur;
Derweil tu ich auch was für mich und für meine Figur,
Es braucht nicht viel, 'n paar Kleinigkeiten nur.

Die Haarfarb' krieg ich von Frau L'Oréal persönlich,
Und mit Herrn Karstadt steh ich schon auf Du und Du.
Mein Helmut zahlt's und lächelt dabei ganz
                                                      versöhnlich,
Bringt es doch Stimmen für ihn und die CDU.

Bei uns in Oggersheim herrscht immer prima Klima,
Wir beide sind ein wirklich eingespieltes Team.
Beim Tanze bin ich seine Primaballerina,
Er mein König und ich seine Königin,
Darum liebe, liebe, liebe, liebe ich ihn, oh – Helmut!

Die immer kesse Stéphanie

In den 80ern wußte man von Monaco nur, daß man als Deutscher Tennis spielen mußte, um dort Aufenthalt finden zu können. Ansonsten las man ab und an mehr oder minder interessante Geschichten über Sonne, Strand und die Grimaldis. Tja, und dann kam eines Tages Stéphanie: ständig verliebt, immer in den Falschen, kein Erfolg mit der eigenen Bademodenkollektion ... und schließlich der verzweifelte Versuch, das eigene Kehlchen zu vergolden. Singende Fürstentöchter! Als ob das kleine Steuerparadies nicht durch den frühen Tod seiner Landesmutter schon genug gelitten hätte! Ob Stéphanies Schlager das Zeug zu Mone-Gassenhauern haben, mag jeder selbst für sich entscheiden.
Folgenden Text trug Frl. Wonder im Stéphanie-Outfit mit depressiv-trotziger Leidensmiene vor, während sie verzeifelt eine Brigade Frösche küßte; »Flash« hieß das im Original:

Ich
Bin ganz bestimmt
Nicht so verrucht, wie alle sagen,
Hab
Männerverschleiß
Nur an den ungeraden Tagen.

Wie –,
Sag mir, wieso
Ergibt sich daraus niemals mehr?
Ich trag so schwer
An meinem Jungfernjoch –
Und bin doch so flott noch!

Ich bin charmant, hab Flair und Stil
Und auch ein wenig Sex-Appeal,
Noch mehr, das wär fast schon gefährlich.
Tjaja, ich bin eben ehrlich.
Adrett kokett find ich mich nett,
Tanz wie ein Brett auf dem Parkett,
Find internationalen Anklang ...
Ist das nicht gut für den Anfang?!

Sprechtext:
Ach, wissen Sie, ich bin zwar eine Prinzessin, und ich betöre die Welt mit meinem Sirenengesang; aber ich treffe doch nur selten in dem, was ich mache, den richtigen Ton, naja, – was macht das schon?

Doch
Tief in mir drin
Bin ich ganz züchtig, brav und bieder,
Und
Nur ab und zu,
Da übermannt mich tüchtig Fieber.

Dann
Kann es mal sein,
Ich schieße übers Ziel hinweg
Und spür mit Schreck,
Wie wieder stark vibriern
Im Mieder die Glieder.

So manchen Frosch nahm ich zur Brust
Und küßte ihn nach Herzenslust,
Ein Prinz erwuchs mir daraus nie,
Tja, c'est la vie.

.... mixed pickles 35

Ist auch mein Ruf bald ruiniert,
Ich küsse weiter ungeniert,
Bis einmal fest ich bin liiert ...
Sonst bin ich frustriert!

Von Rom bis Den Haag – zwei unter sich

Aus »Wonderland!« stammen die folgenden Texte:
Milvas Geheimnisse

Untermalt wurde diese Persiflage von der Melodie »To perigali«, einem alten griechischen Volkslied, das bei Milva in der deutschen Originalversion »Zusammenleben« hieß.

Du fragst, warum in meinem Alter
Ich noch so jung aussehen tu.
Aerobic ist nur ein Geheimnis,
Und doch – es geht nicht ganz im Nu.
Um täglich neu mich zu entfalten,
Braucht's glatt ein Dutzend Cremes dazu.

Quark, Gurken, Zwiebeln in die Haut massiert,
Und das am besten noch von Hand.
Erfolg und Jugend sind dann garantiert;
Und ich bin täglich neu gespannt.
Muß trotz der Spannkraft mal ein Lächeln sein,
Heb ganz diskret ich kurz das Bein.

Und dann natürlich meine Haare!
Da bin zu Recht ich stolz darauf.
Verwende Stunden für die Pflege,
Klatsch dreimal tüchtig Haarspray drauf.
Ein kurzer Blick noch in den Spiegel,
Und dann – dann setze ich sie auf.

……… **mixed pickles** ……………………………37

Nur ein Star

Auch Frl. Wonder ist nicht ganz an Zarah Leander vorbeigekommen, hat aber versucht, weg von der bloßen Star-Interpretation auch ein wenig die Person zu beleuchten. Nach einer kurzen Moderation und einem traurigen Chanson sang sie dann folgende Zeilen, die Melodie setzte sich dabei aus einem Mix bekannter Lieder zusammen:

Mein Ideal auf dieser Welt,
Das war für mich der kühne Held,
Das sang ich ungefragt.
Der Wind hat mir ein Lied erzählt,
Die Welt hat mich oft kaltgestellt,
Doch ich hab nie verzagt.

Für mich ging die Welt nicht unter,
Ich konnt allem widerstehn,
Konnt' den Frühling kaum erwarten,
Niemand aus Liebe weinen sehn.

Ich sang von Wundern, von Neuanfang,
Von Sehnsucht und auch vom Befrein.
Das brachte mir, ganz egal, wie's klang,
Viel Leandertaler ein.

Meine Stimme war
Unverwechselbar,
Und weil die Masche prima lief,
Sang ich besonders tief.

Frau Leander war
Damals Superstar,
Stolz das Aug', die Brust, der Gang –
Und das ein Leben lang

Die Schultern breit, die Stimme tief,
Da konnt ich nix dazu;
Man glaubte oft, ich sei ein Typ
Im Fummel vom »Chez nous«.
Wenn's auch Sünde war
In so manchem Jahr,
War mein Leben insgesamt doch ziemlich
Wunderbar! Wunderbar? Wunderbar! Yes, Sir!

Schäufele-Rap

Jaja, neben den Engagements bei den Fischer-Chören hat Elfriede Schäufele sich nie den modernen musikalischen Trends widersetzt; hier ein Rap!

Hallo, i bin's Fräulein Schäufele,
Und auf das Fräulein, da leg ich Wert,
Jaja, wer mich engagiert zum Putzen im Haus,
Setzt nie aufs falsche Pferd.

Mein Besen und mein Kehrgerät
Sind erste Garnitur.
Ich bin die Reinheit in Person
Und sittsam von Natur.

In meiner Kolonn' putzt Elvira mit,
Meine Freundin und ganz 'ne Höhere,
Am Wochenende jodeln wir Hit für Hit
Zusammen mit den Fischerchören.

Ich sag's Euch gern, man kommt viel rum –
Bis rauf in die oberste Häusle.
Bei den höchsten Viechern wirbel ich Staub
Und gönn mir dabei kein Päusle.

Man kriegt viel mit, was vor sich geht,
Das meiste ist nicht von Pappe,
Es gibt nix, was mich net interessieren tät,
Mir geht nix durch die Lappen.

Gell, liebe Leut, so ein Leben wie meins
Ist manchmal ziemlich hart.
Und manchmal komm beim Tratsch ich grad
So richtig smart in Fahrt.
Trotzdem bin ich ganz grundsätzlich
Mit meinem Leben froh.
Macht's wie ich und freut Euch einfach so.
   (anschließend ihr berühmtes Kettenschwingen)

……… **mixed pickles** ……………………………………**41**

Was ist das Ziel? (Abschminke)

Eine Abschminknummer gehört zu einem Travestieprogramm wie das Amen zur Kirche. Nur – für die gängige Art, sich am Ende vor dem Publikum abzuschminken, dazu noch meist auf dieselben zwei, drei Lieder, konnte Frl. Wonder sich nie recht begeistern. Es galt also, ohne ins Lächerliche oder Weinerliche abzugleiten neue Wege zu finden, um nicht im Fahrwasser anderer Künstler mitzuschwimmen.

Nach langer Überlegung war die Idee geboren, nur eine Gesichtshälfte abzuschminken – schon allein, um den Kontrast zwischen geschminktem und ungeschminktem Gesicht und damit auch zwischen Mann und Frau herauszustellen bzw. die Dualität der zwei Wesenheiten in derselben Person zu betonen. Das dazugehörende Zwitterkostüm stellt übrigens eine besondere Herausforderung an schneiderliche Fähigkeiten dar!

Alles in allem wurde so eine Art des Abschminkens kreiert, die beim Publikum immer wieder eine Gänsehaut bewirkt und neben dem bloßen Finale auch noch eine tiefergehende Bedeutung gewinnt. Damit weiterhin die Parole gilt: »Nur wo Wommy draufsteht, ist auch Frl. Wonder drin«, wurde diese Art der Abschminke ebenso wie die Sissi-Parodien mittlerweile für Frl. Wonder urheberrechtlich geschützt.

Im Laufe der Zeit hat Frl. Wonder sich schon mit eigenen Texten auf diverse Melodien abgeschminkt. Der Text hier folgt der Melodieführung von Alexandras »Was ist das Ziel?«. Aus dem Original wurden aber lediglich zwei Zeilen des Refrains übernommen.

Ich steh hier oben auf der Bühne,
Die mir so lieb ist und vertraut,
Die alles bictet: Schuld und Sühne,
Und kehr zurück in meine Haut.

Die ganze Welt ist ein Theater,
Ich war heut abend Euer Clown,
's war wie ein Rausch ganz ohne Kater,
Ein kleines Stückchen schöner Traum.

Was war das Ziel in diesem Spiel,
Das meinem Herzen so gefiel?

In meinem Herzen trag ich Träume,
Die bleiben meistens unerhört –
Denn Träume sind zumeist nur Schäume,
Und es ist Schein, was Euch betört.

Doch lebt man ohne Illusionen,
Dann bleibt der Alltag ewig grau.
Darum erlaub ich mir Visionen,
Wenn ich auch Wolkenschlösser bau.

Was war das Ziel in diesem Spiel,
Das der Natur seit je gefiel?

Der Wunsch ist des Gedanken Vater,
Ein jeder sieht, was für ihn zählt,
Und abgeschminkt wird so Theater
Gleichsam zum Spiegelbild der Welt.

……… **mixed pickles** ………………………………43

Glaubst Du, Du hast das Glück erfahren,
Dann lehn Dich trotzdem nie zurück.
Nur Du allein kannst es bewahren,
Denn sonst vergeht es Stück für Stück.

Was war das Ziel in diesem Spiel,
Dem ich mit Haut und Haar verfiel?

Steht man im Rampenlicht des Lebens
Und gibt die Rolle – wie bestimmt –,
Ringt man nach Ruhm und Ehr' vergebens,
Wenn nicht im Herz ein Lächeln glimmt.

Und wenn ein Lächeln hier auf Erden
Nur einen Funken Freude bringt,
Kann dieser Funke Feuer werden,
Wenn er auf andre überspringt.

Das war mein Ziel in diesem Spiel,
Es würd mich freun, wenn's Euch gefiel!

Nur Küsse schmecken besser!
Eine Reise durch die deutsche Werbelandschaft

[Premiere: 22.7. – 11.8.1996, Renitenztheater Stuttgart]

.... nur küsse 45

Die deutsche Medienlandschaft mitsamt ihren Stars und selbsternannten Sternchen ist der rote Faden in diesem Programm, bei dem Wommy nach »Mixed Pickles« auch eine neue Richtung einschlägt: Waren die früheren Programme noch von Starparodien mit Playback-Einspielungen geprägt, so lautet das Motto nun verstärkt: »Soviel live als möglich, so wenig Playback als nötig.«
Also weitestgehend
– weg von der bloßen Parodie und hin zur Schaffung eigenständiger, unkonventioneller Figuren,
– weg von der Konserve und hin zur Live-Unterhaltung und damit zu dem, was man neudeutsch so gerne mit »Stand-Up-Comedy« bezeichnet ... nur eben lange, bevor diese Richtung im Fernsehen boomte.
Das Ganze verpackt mit viel Hintersinn, etwas ironischem Witz, einer Messerspitze frecher Frivolität und einer Prise Sentimentalität – immer überhalb der Gürtellinie angesiedelt, direkt am Zwerchfell; alles, was darunter kommt, fällt bei Frl. Wonder unter den Sammelbegriff »Beine«.
So lernen wir mit der »Kleinen Schlachtmusik« Gerlinde und Max kennen, erweisen Whitney Houston Reverenz und sehen Miß Liberty in Liebe zu New York richtiggehend entflammt. Doktor Scholl huldigt Janis Joplin, und Ilona Christen präsentiert Neues aus der Talklandschaft. Seien Sie auf Besuch bei Al Bano und Romina Power und werfen Sie einen völlig neuen Blick auf Mona Lisa. Auf Neues von Sissi und Elfriede Schäufele braucht eh keiner zu verzichten bei der »zartesten VerRuchung, seit es falsche Frauen gibt«.

Guten Abend

Guten Abend, meine Damen,
Und bis später, meine Herrn.
Ich bin für Euch eine Diva –
Und ich bin es gern.

Ich heiß alle heut willkommen hier im Haus,
Frl. Wonder ist mein Name, ich bin keine graue Maus,
Ich komm vom Land und bin solide.
    Chor: Guten Abend, meine Damen, guten Abend,
    meine Herrn.

2,30 m von oben bis runter zum Boden,
Gestylt und getaftet, noch nicht ganz entsaftet,
Geschlitzt bis zur Niere, die besten Papiere –
Und viel zu wahr, um schön zu sein.

Was ist echt, was ist falsch?
Keiner weiß es ganz genau!
Mancher Mann beginnt zu schwitzen,
Sieht er meinen Körperbau;
Auf Stöckeln halt ich die Balance,
Nie verlier ich meine Contenance,
Nur bei Spießern geh ich auf Distanz!
    Chor: Guten Abend, meine Damen, guten Abend,
    meine Herrn.

Ich bin für Euch heut als Mädel
Mal lumpig, mal edel,

Spiel aus meine Trümpfe,
Zeig gern meine Strümpfe
Und hoffe, Ihr werdet ein bißchen froh
Bei unsrer kleinen Horrorshow.

Mit Natreen im Tee
Und mit Slim-Fast rank und schlank
Strapazier ich meine Nähte,
Doch sie halten – Gott sei Dank.
Seien Sie heut abend alle mit dabei,
Wenn wir Sie entführen, lachen Sie sich frei,
Geh'n Sie mit uns auf die Reise!
    Chor: Guten Abend, meine Damen, guten Abend,
    meine Herrn.

Aus dem Leben einer Diva

»... !?«

Frl. Wonders Gedankensplitter zu Themen der Zeit

Diät: Ich bin froh, daß ich momentan eine recht zumutbare Figur besitze, obwohl manche schon meinen, wenn ich so weitermache, könne ich dereinst bei der Auferstehung des Fleisches liegenbleiben. Von Diäten halte ich nichts; wenn ich Diät mache, werden bei mir nur Haare und Stimme dünner. Und die sind jetzt schon im grenzwertigen Bereich. Ich

halte mich lieber an Empfehlungen des Volkshochschulkurses »Atme Dich schlank«: Gut geatmet und richtig gestützt haben Sie gut und gern fünf Zentimeter mehr Oberweite und zehn Zentimeter weniger Taille.
Diäten und Frauen – das paßt auch nur in den Köpfen von Zeitschriftenredakteuren zusammen. Ich glaube, im Zuge der Triebverlagerung machen Diäten uns Frauen alle nur sexuell gierig: Theaterbesucher also aufgepaßt ... ich habe vor der Vorstellung meist seit drei Stunden nichts mehr im Magen.

Doktor Scholl: Über Doktor Scholl will ich nichts Böses sagen – aber ich muß, wenn ich bei der Wahrheit bleiben will. Gut, er leistet ziemlich viel (kürzlich zum dritten Mal den Offenbarungseid), und manchmal denke ich, von Männern seines Schlages sollte es Hunderte geben ...; leider gibt's davon Tausende.
Doktor Scholl ist berühmt für seine Achselhöhlenmalerei und mit einer begnadeten Stimme gesegnet. Was die bei mir alles anrichtet, das schaffen andere nicht mit der Hand.
Er steht in der Blüte seiner Arterienverkalkung und hat so das gewisse Garnichts. Aber wenigstens wird bei ihm Diskretion großgeschrieben ... naja, ist ja auch ein Hauptwort.
Doktor Scholl ist wahnsinnig attraktiv, und die Frauen fahren regelmäßig auf ihn ab, sobald er die Bühne betritt, geraten in kreischende Ekstase und werfen ihm Geschenke und Slips auf die Bühne – ab Größe XL aufwärts. Ehrlich, bei einem Auftritt auf der schwäbischen Alb waren sogar ein paar Melkschemel dabei.

Kleidung, figurbetont: Wenn ich meine Figur betonen würde, sähen alle Kostüme aus wie Schlachterschürzen. Nein, die Parole heißt: »Wer schön sein will, muß leiden.« Und glauben Sie mir, ich leide entsetzlich. Manche Kostüme sind dermaßen eng, daß man sich fast in sie reinhungern muß; man atmet dann auch um 22 Uhr noch mit der Restluft von 19.30 Uhr. So gesehen ist ein Kollaps schon vorprogrammiert. Nur: Wer küßt mich dann gegebenenfalls wach?

Orientierung: Ich hab einen guten Orientierungssinn. Den habe ich mir bereits als Kind antrainieren müssen; ich hab schon damals immer wieder nach Hause gefunden, egal wie oft meine Eltern mich in den Wald brachten. Lachen Sie jetzt bitte nicht, aber das war unsere Beschäftigung für Samstag nachmittag. Wenn man dann rechtzeitig wieder nach Hause gefunden hatte, durfte man zur Belohnung um 16 Uhr im ZDF Maria Hellwig und ihre lustigen Musikanten anschauen. Tja, und dann fragt sich der Psychologe, warum man im Alter im Fummel auftritt!?

Singen: Wenn ich bei offenem Fenster singe, fallen in der Nachbarschaft die Grundstückspreise.

Stuttgart: Frauen werden hier alle über einen Kamm geschoren. Kaum verläßt man ein Geschäft, heißt jede gleich »Adele«. Aber in Stuttgart denkt man praktisch – besonders auf der Königsstraße: alle 500 Meter ein Brezelstand! Herrlich!
In Stuttgart wird man auch fast überall verführt ... man muß sich nur Mühe geben.

·········· **nur küsse** ··51

Es ist eine Hochburg für den Okkultismus. Tausende pendeln hier täglich.

Bopser? Eine S-Bahn-Haltestelle an einer der meistbefahrenen und ergo lautesten Straßen in Stuttgart. Was haben wir rechts davon? Das Gehörlosenzentrum! Und was ist an der Außenfassade für ein Schild angebracht? »BITTE DIE TAUBEN NICHT FÜTTERN.« Überlegt eigentlich keiner, was er da hinschreibt?!

Ich muß sagen, ich freue mich, in Stuttgart zu wohnen. Ich habe auch eine prima Hausgemeinschaft und beim Einzug sogar ein Geschenkle erhalten: Kaum war ich drei Tage in der Wohnung, da hatte ich das Kehrwochenschildle vor der Tür. Aber es kommt hier ja auch nicht drauf an, daß man die Kehrwoche macht ... nein, es muß sich nur danach anhören. Jetzt habe ich einfach das Geräusch von schrubbenden Besen auf Tonband aufgenommen, laß das jeden dritten Samstag im Treppenhaus ablaufen, und die Leute sind glücklich.

Wasser: Wenn der liebe Gott gewollt hätte, daß wir alle Wasser trinken, dann hätte er sicherlich nicht 80 % davon versalzen.

Alkohol finde ich gesünder als Wasser, durch Wasser sind schon viel mehr Menschen ums Leben gekommen, man denke nur an die Sintflut. Obwohl: Ich habe eine Kollegin, die hat ihr ganzes Leben lang Alkohol getrunken, und am Ende hatte sie dann Wasser in den Beinen ... auch 'ne Variante.

Zu schwäbisch fürs Geschäft

Ich versuche seit Jahren, die Karriereleiter auf Stöckeln emporzuklettern, ohne dabei das Gleichgewicht zu verlieren – nur Akne kann mich stoppen. Und es scheint ja auch zu funktionieren. Zumindest im südlichen Teil dieser unserer Republik. Die Schwäbische Alb, Tübingen, Reutlingen und Stuttgart waren kein Problem, da gab es keinerlei Verständigungsschwierigkeiten, sogar im Badischen werde ich verstanden, ohne meine Herkunft verleugnen zu müssen. Aber sobald Sie einmal nördlicher als Heilbronn gastieren, bekommen Sie immer diese Platitüden zu hören: »Fräulein Wonder, Sie sehen ja schon schön aus ..., aber Sie wohnen halt doch nur in Stuttgart!« Oder: »Sie haben ja vielleicht was im Hirn ...., aber Sie sind halt nur eine Schwäbin!« Und über diese Unvereinbarkeit der Gegensätze, über diesen kleinen ganz privaten Kummer gibt's von mir 'ne kleine Nummer. Die Musik dazu stammt eigentlich von Samantha Fox ... aber die ist auch nicht schöner. Gesungen wird übrigens in gemäßigtem Schwäbisch (wenn wir im Süden gastieren), der Textabdruck erfolgt der besseren Verständlichkeit in einer schwäbisch-hochsprachlichen Mischversion.

Von Stuttgart bis nach Ulm – so quasi Stadt und Land,
Da bin i mittlerweile ja schon recht bekannt.
Die Presse schreibt, i sei furchtbar nett,
Wenn i nur net des Malör beim Schwätza hätt'.
Was nützt mir all mein Schick?
Mei' Schwäbisch bricht mir mal no 's G'nick.

.... nur küsse 53

Der Mann vom Fernseh' sagt, er bringt mi riesig raus,
Das hoff i doch – von fern seh i viel besser aus.
Doch was nützt mir Schminke und was Figur?
Kaum, daß Du dr Mund aufmachscht, blamiersch Di nur.
Das bleibt halt mein Geschick –
Mei Schwäbisch bricht mir mal no 's G'nick.

Sprechtext:
Und wenn's nicht grad an meinem Schwäbisch liegt, gibt's einen Standardsatz, den ich mittlerweile nicht mehr hören kann: »Frl. Wonder, Sie sind ja ganz nett ... so als Mensch; aber wo kann man einen Ihrer hübschen Tänzer mal »privat« etwas näher kennenlernen ...?«

Von mir, da sagt ma, i hätt' gar koi Lebensart,
Des stimmt so net, bei mir wird halt am Schampus gspart;
So Edelbrause, des isch net älls,
Statt Kaviar, da eß i lieber Prestlingsg'sälz.
I bin aus bsondrem Holz –
Ond darauf bin i wirklich stolz, jawohl!

Nur auf dem Laufsteg, da komm i ganz groß raus.
I zieh mir die höchsten Stöckel an, und alle flippen aus –
Die Topdesigner.
Wenn einmal ein Karl mit mir aufs Lager fällt,
G'hör i automatisch zu der großen Welt.

Leistet er dann noch kein' Widerstand,
Schleif i ihn am eignen Zopf aufs Standesamt
Und pfeif auf d' Haute Volée!
I bin für die Bagage zu schee;
Und pfeif auf d' Haute Volée!
I bin doch ... i bin doch ...
I bin für die Bagage zu schee – genau!

Eine kleine Schlachtmusik
Gerlinde & Max ... Szenen einer Ehe

Hier lernen wir zum ersten Male Gerlinde und Max kennen, wobei letzterer nie in persona, sondern nur über die Schilderungen seiner Gattin auftritt, einer (nicht so ganz) bedauernswerten Ehefrau unbestimmten Alters, die sich in diesem Programm über den hohen TV-Konsum ihres Gatten beklagt. Im Laufe des Liedes stellt sich aber die Frage, ob nicht eher der geplagte Gatte zu bedauern ist, für den sein Fernsehsessel eine willkommene Flucht aus einer zu rigide geführten Ehe ist.

Frl. Wonder erweist mit dieser Art Parodie und der Verknüpfung von satirischem Text mit klassischen Melodien ihre Reverenz an die Texter und Kabarettisten der »Wiener Schule«. Anders als bei Hugo Wiener, der für eine Klavierbegleitung textete, stehen bei Wommy die vollen Orchesterversionen im Vordergrund, die mittels modernster Schneidetechnik bearbeitet wurden. So wurde im vorliegenden Fall die Originalversion mittels 197 Schnitten von 16'30 Minuten auf 4'31 Minuten heruntergekürzt.

Für Kenner der Materie ist die »Kleine Schlachtmusik« eine gelungene Parodie auf die Textvorlagen des großen Hugo Wiener; für Neulinge einfach eine originelle Textfassung auf eine bekannte Melodie, der jeweils ein Monolog vorausgeht, von dem wir einen exemplarisch abdrucken wollen. Auf den Abdruck des Liedtextes sei verzichtet, weil er eine genaue Kenntnis der Melodieführung unabdingbar voraussetzt und nur in dieser Verbindung Wirkung erzielt.

(Gerlinde trägt ein ärmelloses schwarzes, bodenlanges Samtkostüm mit Trägern, dazu einen grünen, wehenden Umhang und über der schlichten Hausfrauenfrisur eine Turmhaube. Ihre große Brille unterstreicht die etwas gestrenge Attitüde. Sie steht vor der Tür, sucht lauthals ihren Max und betritt anschließend »mit wehenden Fahnen« den Theaterraum von der Zuschauerseite her, bevor sie mit einnehmendem Wesen zu klagen beginnt.)

Max? Ma-hax!? Maaaaaaaaaaax! Wo steckst Du denn?
… Du lieber Himmel, wenn der aber hier im Theater sitzt, dann gibt's einen Riesenkrach! (betritt energisch den Zuschauerraum und schlägt die Tür zu)
Maaaaaax? … Entschuldigen Sie, wenn ich hier so hereinplatze. Haben Sie Max gesehen? 1,60 m groß, 1,70 m breit, ansonsten aber gutaussehend. Wir sind verheiratet und haben heute unseren siebten Hochzeitstag; und wir liiiiiieben uns. Es sind nur die äußeren Umstände, die uns ab und an separieren. Und heute nachmittag ist er mir entwischt. Als ich ihm die Schürze umgebunden habe, sagte er zu mir: »Gerlinde, ich geh kurz Zigaretten holen!« Zwanzig Minuten später fiel mir ein, der ist Nichtraucher!
Maaaaaax? … (schaut bei den Zuschauern unter einen Tisch und ruft:) Also, wenn Du Dich hier irgendwo versteckt hältst, und ich finde Dich …; ich bin dann vier Wochen enthaltsam. (wieder zum Publikum:) Glauben Sie mir, *ich* schaff das.
Ich hätte ja eigentlich was Besseres bekommen können, ich habe schließlich studiert. Max schafft bei der Stadt.

……… **nur küsse** ………………………………………57

Ich habe alles für unsere Ehe getan. *Ich* bilde mich, ich lese hochgeistige Literatur ... von Konsalik bis Utta Danella. Und Max?! Der fährt zweimal im Jahr mit dem Volksbildungswerk in die Toscana zum Kursus »Töpfere Dich frei!«
Ich lerne Sprachen – Max geht kegeln.
Ich sag erst kürzlich noch zu ihm: »Max, fahren wir dieses Jahr wieder nach Italien in Urlaub?« Sagt er: »Aber Gerlinde, denk an unsere Schulden!« ... Aber das kann ich in Italien doch auch!
Ich bin multikulti – aber Max?! Der sitzt Tag und Nacht nur vorm Fernsehapparat!   (Beginn Musik)

»Ich bin meinem Max
Untertags
Völlig wurscht –
Und seit wir verkabelt sind,
Zappt er sich per Fernbedienung
Durch die vielen Sender,
Wie ein kleines Kind!«
(...)

»Ich bin noch jung,
Bin noch in Schwung,
Statt daß Max ginge täglich ran,
Schaut er sich Dagmar Berghoff an!«
(...)

»Allein von gestern liegen vor
»Al Bundy«, »Tatort«, »Monitor«,
»Herzblatt«, »Alf« und »Golden Girls«,
Selbst Werbung für die Mega-Pearls!«
(...)

»Wenn er nicht aufhört fernzusehen,
Werd' ich zu Bärbel Schäfer gehen,
Da plaudre ich dann alles aus,
Und dann werf ich Mäxchen raus –
Schluß, aus!«

.... nur küsse 59

Fünf Stichwortfragen an Frl. Wonder
Ein kleiner Auszug aus dem immerwährenden Fragenkalender:

1 Geld? Überflüssig, es gibt doch Kreditkarten; damit zahle ich mit meinem guten Namen (der langt zumindest für die Frühstücksbrötchen).

2 Glaube? Ich glaube an Gott, mich und die Hoffnung, daß ich die letzte S-Bahn noch kriege im Wirrwarr des Lebens; außerdem an ein Leben *vor* dem Tod und an die Existenz sockenfressender Waschmaschinen.

3 Zukunft? Die war früher auch besser.

4 Karriere? Der verzweifelte Versuch, mit 18-cm-Absätzen die Erfolgsleiter zu erklimmen, ohne sich die Fingernägel zu ruinieren.

5 Liebe? Könnte so schön sein, wenn ich nur nicht immer den Plaudernamen für die Partyline vergessen würde.

Talk Dich frei!
Frau Christen einmal anders

Im Frühjahr 1996, als sich die Fernsehsender gegenseitig mit Talkshows jeder Couleur das Wasser abzugraben versuchten, reifte der Gedanke, darauf einmal eine Satire zu machen. Nur: Wen sollte man als Galionsfigur darstellen? Wer ist quasi »auf den ersten Blick« erkennbar? Gut, am ehesten Arabella, aber das stellt enorme Herausforderungen ans Make-Up. Alle anderen Moderatorinnen waren optisch nicht eindeutig festzulegen, und durch die geschlossene Zahnreihe zu reden wie Frau Schreinemakers war trotz intensiver logopädischer Übungen nicht zu machen.

Dann fiel unser Blick auf Ilona Christen: vom »Fernsehgarten« noch jedem bekannt, wegen ihrer Waschmittelwerbung gerade in der Diskussion, für Frisur und Brillenkollektion berühmt ... dann noch die restliche Optik mit Gelb aufgefüllt (wie bei ihr Frisur, Kostüm, Studio-Deko und Sonnenblumen), dazu Dieter Bürgy, Klementine und ein schmissiger Marsch, der aus einer anderen Waschmittelwerbung jedem im Gehör war – schon war die Darstellung perfekt. Daß das Kostüm in Chanel-Fasson die erste Wäsche mit starkem Einlaufen quittierte und vom Rock nur noch ein kurzes Fähnchen übrigblieb, gab dem Ganzen seinen besonderen Reiz.

Ach ja: Wenn's auch noch so oft bestätigt wird ... »Isch freu misch!« hat Frau Christen so sicherlich nie gesagt; wir haben es ihr in einer Improvisation einmal in den Mund gelegt und sind es seither nicht mehr losgeworden. Im Gegenteil: Dieses Schlagwort wurde zum Titel des nächsten Programmes. So kann's gehen.

.... **nur küsse** 61

Werbung, Werbung, Werbung

Version 1
Guten Abend, schön, daß Sie da sind ... isch freu misch!

Einst war ich im Fernsehgarten,
Den Sonntag konnt' man kaum erwarten,
Heut bin ich die Talkshow-Queen
Im Fernsehn, Fernsehn, Fernsehn.
Täglich einmal Seelenstrip –
Sei dabei, dann biste hipp;
Doch wenn's richtig spannend wird,
Kommt Werbung, Werbung, Werbung.

Fielmann macht mich sunil, Mann!
Und wenn ich nur noch pure Reinheit seh',
Hab ich Lust auf Hohes C.
Mon chérie und Clearasil,
Das diktiert den Lebensstil.
Wer weiß immer, was ich will?
Die Werbung, Werbung, Werbung.

Andy
Flirtet per Handy;
Ist 0190 einmal nicht zur Hand,
Nimmt er Pril, denn Pril entspannt.
Hat er damit ein Problem,
Ist mir das recht angenehm,
Denn dann kommt die Ladung prompt
Zur Talkshow, Talkshow, Talkshow.

Haben Sie ein Problem? Kommen Sie zu mir, wir reden drüber – isch freu misch!

Version 2
Guten Abend, schön, daß Sie da sind ... isch freu misch!

Deutschland liegt im Laberfieber,
Jedermann – ob brav, ob bieder –
Spricht sich gerne bei uns aus
In Talkshows, Talkshows, Talkshows.
Sonja, Bärbel, Arabella –
Alle plappern immer schneller!
Jeder redet, keiner hört
Bei Talkshows, Talkshows, Talkshows.

Man klagt dort seine Problemchen,
Die gute Vera hilft beim Seelenstrip,
Auch bei Kerner weint man mit.
Hast Du einen an der Klatsche,
Hilft Dir Fliege aus der Patsche.
Ist Dein Wellensittich heiser?
Sprich darüber – bei Hans Meiser.

Bei denen
Gibt's Leid und Tränen,
Bei Margarete heult man auch noch Rotz
Zwischen allen Werbespots.
Wer darüber sprechen kann,
Ruft auf unsrer Hotline an,
Dann sitzt er auf meiner Couch
Im Fernsehn, Fernsehn, Fernsehn.

Haben Sie ein Problem? Kommen Sie zu mir, wir reden drüber – isch freu misch!

·········· **nur küsse** ·································63

Dr. Sch.: »Hallo, Ilona ... christen nicht mit, wie's hier abgeht?«
Frau I.: »Aber sicher doch! Mein lieber Scholli, das ist Rhythmus, wie er weibt und bebt!«

Conférence

Guten Abend, schön, daß Sie da sind, isch freu misch! Mein Name ist schlicht und ergreifend Ilona Christen, man nennt mich auch ARIELle, die Klär-Jungfrau, und Sie wissen bestimmt, ich bin es gewohnt, den Dingen auf den Grund zu gehen. Da soll es ein neues Waschmittel geben. Und weil ich persönlich nicht weiß, wie man Plusquamperfekt schreibt, nenne ich es »Futur«. (zeigt ein als Täschle umfunktioniertes Ariel-Futur-Paket)
Futur, meine Damen und Herren, heißt Zukunft, und die haben die wenigsten von uns. Deshalb bin ich heute abend zu Ihnen gesandt im Auftrag von R-T-L, um Gäste zu suchen für unsere neuen Talkshowthemen.
Wenn Sie mitreden wollen, so rufen Sie uns an unter unserer kostenlosen Hotline-Rufnummer 0130/26 37 48 90-60-90. Wir suchen noch Gäste zum Thema »Ich war eine Dose!«, »Mein Mann ißt Katzenfutter!«, »Hilfe, ich komme aus X*!« oder aber »Ich liebe den Pudel meiner Nachbarin ... habe aber Probleme beim Scheren der Quaste.« Bitte lachen Sie nicht, dieses Problem betrifft in ganz Deutschland jeden 2.756.821. – in Y** bereits jeden Dritten. Wenn Sie mitreden wol-

---

* Hier am besten den Namen der jeweiligen Nachbargemeinde einfügen, dann macht sich im Publikum ein Kollektivgefühl breit.
** Hier jeden x-beliebigen Namen einer weiteren Stadt in der Nähe erwähnen, die man bislang zu beleidigen vergessen hatte.

.... **nur küsse** 65

len, rufen Sie uns an oder kommen Sie vorbei, wir reden drüber – isch freu misch!

Ein kleines Wort noch in eigener Sache: Seit Jahrzehnten haben Prominente, die im Scheinwerferlicht schwitzen, immer wieder Werbung gemacht für diverse Produkte. Denken Sie nur in den Sechzigern an Marika Rökks »Main Hifthaltärr bringt mich um!« oder an Heintjes Erfolgsschlager »Rama – Du sollst doch nicht um Deine Butter weinen«. Auch Hildegard Knef hat den Anschluß versucht: 1992 mit der Technoversion ihres Erfolgshits »Für mich soll's Brot in Dosen regnen«. Damit wurde sie Siegerin bei »Knack & Back« und kam bei der »Bäckerblume« aufs Titelblatt. Ich war zu der Zeit Covergirl beim »Wachtturm«.

Aber seit ich persönlich Werbung mache für Waschmittel, hat gegen meine Person eine regelrechte Christen-Verfolgung eingesetzt. Das bestärkt mich in meinem Vorhaben weiterzumachen, denn ich sage mir: »Richtig bekannt biste erst dann, wenn Dein Nachname in den Alltagswortschatz eingegangen ist.« Denken Sie zum Beispiel an das Tun-Wort »röntgen« ... kommt von Conrad Röntgen. Vielleicht sind wir ja einmal so weit zu sagen für den Umstand, daß man jahrelang belogen und betrogen wurde, »man wurde gewaigelt«. Momentan sagt man noch »man wurde verkohlt«. Vielleicht heißt ja um die Jahrtausendwende Trost auf dem zweiten Bildungsweg »man wurde gechristent«.

Auf diesem Wege möchte ich heute abend ein kleines Stück voranschreiten. Ich habe Ihnen allen ein Schangsong mitgebracht: Text von moi, Stimme von

moi, Brille von Fielmann ... und keinen Pfennig zugezahlt, isch freu misch!
Die Musik kommt aus der Ex-Täterä von den »Prinzen«. Band ab!

Jedes Leid erlaubt
(Melodie: Alles nur geklaut)

Jeden Tag um drei
Seid Ihr live dabei
Bei meiner Talkerei.

Hat Dein Hund die Gicht?
Komm erzähl es mir
Und genier Dich nicht!
Hat Dein Gummibaum die Pest?
Gibt Dein Hamster Dir den Rest?
Stört Dich Muttis Bart?
Und: Ist Dein Bein behaart?

Bei mir ist jedes Leid erlaubt,
Betroffen sein kann ich wie keine;
Die meisten Themen sind versaut,
Naja, Sie wissen, was ich meine.

Ich zeig Euch 'ne dolle Biene,
Dann 'ne Trine
Und auch mal 'ne graue Maus;
Dann quetsch ich mir ein Trauertränchen raus,
Dann quetsch ich mir ein Trauertränchen raus.

.... **nur küsse** 67

Entschuldigen Sie bitte, es ist alles so furchtbar tragisch, ich muß kurz heulen! (schneller Abgang)

Anschließend betritt Doktor Scholl die Bühne, schaut verzagt in die Gegend, bevor er sein Lied beginnt, im Laufe dessen er über sich selbst hinauszuwachsen scheint.
Tja, liebe Leser, wer diese Parodie nie live gesehen hat, sollte die nächsten Zeilen am besten überblättern, weil sie ihm außer der Aufzählung von ein paar Namen sicherlich kaum Informationsgehalt bieten. Wer schon einmal live dabei war, kann hier nachlesen, was er wegen des schnellen Tempos an Text bislang versäumt hat.

Scatman Scholl
(Melodie: Scatman)

Scippidippidippidippidippidippidippijabnididididip
... jetzt kommt die Werbung!

(Scholl und Musik setzen sich gleichzeitig in Bewegung)

Harry Wijnford, Schreinemakers, Heino, Günter Jauch,
Jutta Speidel, Anke Huber, Klementine auch,
Wontorra, Günter Pfitzmann, Uschi Glas &
           Stefan Raab,
Wickert, Gottschalk, Iris Berben – bringen mich ins
                  Grab.
Sie sind cool, man – einfach cool, man! Yeah!

Scippidippidipdapp da dappdappdapp
Scippidippidipdapp da dappdappdapp

(Während der nächsten Takte rauscht Ilona mit wedelnden Armen über die Bühne, reiht sich in völliger Hingabe an die Musik per Charleston bei Doktor Scholl ein, es wird gewackelt, bis die Hüfte bricht.
PS: Das mit dem Charleston und dem Hüftbruch war eigentlich im Konzept nicht vorgesehen. Ursprünglich hatten wir Doktor Scholl die Bühne für einen Solo-Auftritt übergeben wollen. Leider hatte er bei der Vorpremiere komplett seinen Text vergessen (das Alter ...), so daß Frl. Ilona Wonder improvisierend eingreifen mußte. Irgendwie kam das dann so gut an, daß wir es im Programm belassen haben. Wer sagt denn, daß Pannen nicht auch ihr Gutes haben!)

sehr schneller Part:

Herr Kaiser, Käpt'n Iglo, Meister Proper, Onkel Ben,
Claudia Bertani und natürlich der Melittamann,
Dr. Beckmann, Dieter Bürgy und Frau Sommer auch,
Weißer Riese und Frau Antje sind ebenfalls so Brauch.
Sie sind cool, man – einfach cool, man! Yeah!

Scippidippidipdapp da dappdappdapp
Scippidippidipdapp da dappdappdapp

.... **nur küsse** **69**

Conférence
(Ilona greift sich schmerzverzerrt an die Hüfte und schnaubt wütend, aber dennoch um Fassung ringend)

Oh, Doktor Scholl, schön, daß Sie da sind ... isch freu misch! Doktor Scholl und ich, wir kennen uns persönlich; wir kommen gerade zurück von einem gemeinsamen Urlaub von der iberischen Halbinsel. Wir waren dort in zwei verschiedenen Pensionen untergebracht, und während er noch am Schrubben war, konnte ich schon tanzen.

Aber es ist nicht das sauberste Land der Erde, nein: Schmutz, Unrat und Ungeziefer, wo Sie auch hinblicken. Denken Sie nur an die Spanische Fliege! Und auf unserem Campingplatz hörten wir über Wochen hinweg Tag und Nacht immer nur dieses eine Lied: 1 – 2 – 3.

Spaniens Pfannen
(Melodie: Spaniens Gitarren)

Ring diggi ding diggi ding ... olé,
Ring diggi ding diggi ding ... olé!
Ring diggi ding diggi ding diggi ding diggi ding... olé!

In Spaniens Pfannen, da kleben
Los Potatos – sie sind noch am Leben!
Alles krustig,
Alle frustig,
Und wer macht jetzt den Abwasch, Señor?

Spaniens Teller verfette-te-n,
Wenn sie nicht dieses Spülmittel hätte-te-n,
Villa Bajo
Und Villa Riba,
Singen mit FAIRYlyn Monroe im Chor: olé.

(Was sich hier so kurz und einfach anhört, hat uns Abende voller Kopfzerbrechen bereitet. Nichts Vernünftiges wollte uns einfallen. Als wir dann an einem unserer unzähligen Treffen in der »Tauberquelle«, jenem Stuttgarter Inbegriff schwäbischer Gemütlichkeit, über einem »Maultaschentöpfle Spezial« am neuen Programm bastelten, kam Mike mit folgendem Vorschlag: »Spaniens Gitarren verfetten, wenn sie nicht dieses Spülmittel hätten.« Als studierte(r) GermanistIn störte Frl. Wonder der immanente Fehler in der logischen Zeitenabfolge, und sie meinte: »Es müßte eigentlich heißen: Sie ›verfetteten‹, nicht einfach ›verfetten‹, und dann ist der Reim falsch.« Worauf Mike gekränkt konterte: »Dann sing halt einfach ›hätteten‹, dann stimmt's wieder.« Und obwohl's sprachlich hanebüchen war, war der Einfall in seiner Schlichtheit doch genial und wurde prompt übernommen. Die nächsten beiden Zeilen mit »Villa Bajo und Villa Riba« fielen uns fast automatisch zu, aber dann war Schluß, es wollte sich keine zündende Schlußpointe einstellen; nach einem verzweifelten Blick in die Runde antwortete dann das freundliche Ehepaar am Nebentisch, das sich über unsere gequälte Suche amüsierte: »Wie wär's mit Fairilyn Monroe?« So hatten wir dann den geeigneten Abschluß gefunden. Beitmüllers sei Dank!)

.... **nur küsse** 71

Mein Poliboy
(Melodie: Dschinghis Khan)

Wir schrubben dreimal täglich wie ein Wirbelwind –
Ja, wir Fraun.
Und wenn wir Fenster putzen, dann erwacht in uns
Dieser Traum.
Wir wählen dann die Nummer
Am Telefon,
Der Mann vom Nacktputzservice,
Der kommt dann schon,
Bepackt mit allem, was ein Mann so braucht.
    (Dieter Bürgy und Klementine kommen)

Po – Po – Poliboy,
Putz für mich, feg für mich
Und bekehr mich;
Sei mein Poliboy,
Schrubb für mich, tanz für mich
Und dann wehr Dich.

Bei Dir mach ich 'nen Hofknicks,
Denn man gönnt sich sonst nix.
Frau Sommer fällt ins Koma,
Ihr fehlt das Aroma.
Sei für mich heut nacht
Mein Poliboy! Hu ha hu ha hu ha hu!
    (Abgang mit Scholl, Bürgy und Klementine)

(PS: Wir widmen dieses Lied von ganzem Herzen Petra Perle, der Hausfrau 2000, sowie Conny und Rex; versprochen ist versprochen!)

Jungfrau auf Wanderschaft – Hymne an New York

Optisch reizvoll ist Frl. Wonder sicherlich als Freiheitsstatue, wenn sie – mit Micky-Maus-Maske und dem Playboy-Bunny auf der Gesetzestafel – von ihrem Sockel herab ihre Gedanken formuliert. Das Kostüm besteht aus hochwertigem Lycra mit vierfach vernähten Holographie-Pailletten, die das Kostüm je nach Bühnenbeleuchtung in den verschiedensten Farben erglänzen lassen. Zusätzlich zum Einsatz kommen noch 350 handverlötete LED-Lämpchen in diversen Farben sowie eine Baustellenfackel, die allesamt gegen Ende des Liedes »gezündet« werden und dem Ganzen ein wahrhaft feuriges Finale geben. Die Melodie orientiert sich an diversen, zu einem Medley verschmolzenen New-York-Hymnen.

Ich Jungfrau aus Stein
Steh hier so allein
Und bin doch Teil von Dir,
New York, New York.

Für diese große Stadt,
Die volles Leben hat,
Bin ich Symbol,
New York, New York.

New York, New York, Du Pulsschlag unsrer Zeit,
New York, New York, Big Apple sei bereit
Zu Neuem!
Showbiz, Kommerz, die prägen weit und breit
Den way of life of New York City.

.... **nur küsse** 73

Du Fenster zur Welt,
Zum Schönsten gezählt.
Ich bin verliebt in Dich und sing:
So ist New York.

Du bist bewundernswert
Vom Leben aufgezehrt,
Du Kind des Lichts:
New York,
Neeeeeeeeeeew (Licht im Saal verlischt)
York! (Statue ist »entflammt«)

Frl. Wonder & Ingo Appelt – das Bilddokument einer bissigen Leidenschaft

... als wärst Du noch hier

Eine Frau singt im Scheinwerferkegel stehend ihr Lied voll Trauer und Melancholie, aber doch mit einer gewissen Stärke; das Licht unterstützt den Text (Arbeit mit Gegenlicht, Schatten oder spärlichen Lichteffekten); Kostüm ist in Schwarz mit goldenen Glitzern, schlichte Eleganz, die nicht vom Text ablenken soll.

Irgendein Mensch hat einmal gesagt: »Man sieht nur mit dem Herzen gut – das Wesentliche ist für die Augen unsichtbar«; aber den eigentlichen Wert einer Person lernt man doch zumeist erst dann richtig schätzen, wenn man sie einmal nicht mehr hat. Hören Sie jetzt deshalb bitte ganz genau zu, vor allem aber mit dem Herzen.

Heut nacht ... heut nacht
Fehlt mir die Kraft,
Auf Dich zu warten.
Das Schicksal gab uns schlechte Karten,
Doch heut nacht erlaub' ich mir,
Einfach zu tun, als wärst Du noch hier.

Ich seh so oft zur Tür
Und wünschte mir, Du kämst herein;
Doch wie in alter Zeit,
So kann es leider nie mehr sein.

.... nur küsse 75

Du sagtest damals oft zu mir:
»Es ist so schön, daß man sich kennt.«
Und dann kam jener Tag,
An dem das Schicksal uns getrennt.

Wie von fern, melodisch sanft,
Dringt Deine Stimme an mein Ohr,
So wie ein leiser Gruß,
Und grade dann, dann kommt's mir vor,

Als wärst Du heut noch hier,
Als wär Dein Atem noch im Raum,
Als wär noch Feuer im Kamin,
Doch es bleibt alles nur ein Traum.

Ach, wärst Du heut noch hier,
Dann könnt' ich Deine Wärme spür'n,
Laß mich jetzt nicht allein,
Laß Dich von mir durchs Leben führ'n.

Und dann ... und dann ganz sacht
Senkt sich die Nacht auf mich herab,
Die Kälte steigt empor,
Weist mir den Weg zu Deinem Grab.

Es war nicht immer leicht,
Mein Gott, was hatten wir für Streit!
Zu oft regierte Wut,
Trotz allem war es *unsre* Zeit.

Und erneut erklingt in mir
Dies Lied von Liebesfreud und -leid,
Im Herzen bleibst Du hier
Mein Leben lang und alle Zeit.

Wär's einmal mir vergönnt,
Das Rad der Zeit zurückzudrehn,
Ich dankt' dem Herrn, wenn ich es könnt',
Ich ließe vieles nicht geschehn.

Ach wärst Du heut noch hier,
Du wärst mein Stern in dunkler Nacht,
Dein Lachen klingt noch heut in mir,
Es gibt mir Lebensmut und Kraft.

Denn einmal, glaube mir,
Sind wir auf ewig fest vereint,
Bin immer ich bei Dir,
Am Ort, wo nur die Sonne scheint.

Der Hoffnung bleib ich treu,
Ich finde einst den Weg zu Dir,
Ich fasse Mut und tu aufs neu,
Als wärst Du noch hier.

……… **nur küsse** ……………………………………77

Elfriede Schäufele

Daß Elfriede Schäufele (Raumpflegerinnenverband Südwest e.V. Stuttgart-Ost) neben ihren Lästereien auch aktuelle Kommentare zur Lage der Nation abgibt, hat sich inzwischen herumgesprochen. Und ihr Kettenschwung als Zeichen äußerster Freude ist ebenso Kult geworden wie der Umstand, daß sie stets das Publikum interaktiv und improvisierend in ihre Monologe einbezieht. Schlagfertigkeit ist ihre Stärke – aber keine Angst: »Einbezogen wird jeder, vorgeführt niemand ... das sorgt für ausgiebiges Lachen in entspannter Atmosphäre« (Stuttgarter Nachrichten). In diesem Sinne hier ein paar Auslassungen zu Themen, die die Welt bewegen: Elvira, Figurprobleme, Kochen und ... Männer.

Ich wurde Siegerin im Synchronbügeln und Marathonstaubsaugen (40 Stunden mit nur einem Beutel)!

Elvira: Elvira vom Sangesbund Süddeutscher Raumpflegerinnen ist seit Jahrzehnten meine beste Busenfreundin ... wir hängen aneinander wie Pech und Schwefel, wenn wir auch unsere Differenzen haben. Sie ist zum Beispiel im Gegensatz zu mir ziemlich schlampig und putzt sich auch nur einmal im Jahr ihre Zähne ... immer kurz vor Weihnachten, weil sie da das Gebiß zum Keksle Ausstechen braucht.

Elvira ist recht etepetete, sie ißt nie Hähnchen, denn sie nimmt grundsätzlich nichts von der Stange.

Eigentlich wollte sie Amme werden – da darf man ungestraft einen zur Brust nehmen; aber dann hat sie umgesattelt, weil sie gemerkt hat, daß ihr Talent doch nicht so im stillen liegt ...

Elvira ist ein Muster an Faulheit; wenn sie ein Loch in der Hose hat, ißt sie Schokolade – sie sagt, das stopft. Und mit ihrem Mann geht es auch immer weiter bergab: früher lag er ihr noch am Herzen, heute liegt er ihr im Magen.

Aber seit Elvira einen Bandwurm hat, hat sie ein recht bewegtes Innenleben. Sie ist dürr wie ein Spargel, wenn sie mal ein Gläsle Campari trinkt, sieht sie aus wie ein Fieberthermometer. Und dabei ist sie so mager, wenn sie in Stuttgart im Schloßpark am Teich sitzt, wird sie mitleidsvoll von den Enten gefüttert. Das hat aber auch Vorteile: Wenn sie beim Arzt ein Röntgenbild braucht, muß sie sich nur vors offene Fenster stellen.

Figur: Elvira meint, bei meiner Figur müßte man nicht zum Arzt, sondern zum Landschaftsgärtner, und das obwohl ich esse wie ein Spatz: jeden Tag das

Fünffache meines eigenen Körpergewichts. Naja, ich bin vielleicht kompakt, ich bin vielleicht »gut beieinander«, aber ich bin nicht dick. Ich bin höchstens untergroß. Politisch korrekt: Ich bin vertikal herausgefordert. Mein Arzt meint immer, bei meinem Gewicht müßte ich 3,80 m sein ... Aber wie sähe das aus? Ich schrubbe im Keller und unterhalte mich im ersten Stock mit meiner Nachbarin?! Es ist alles gut so, wie es ist; ich sage immer: Besser mit 40 geplatzt als mit 80 vertrocknet. Und außerdem: Wer wird denn weinen, wenn man auseinandergeht?

Früher wollte ich auch einmal richtig schlank werden und habe es mit Jogging versucht – drei Tage lang, dann hatte ich eine Anzeige wegen Flurschaden.

Mittlerweile sagt man, ich sei unbezahlbar ... klar, wenn man dran denkt, was das Kilogramm Fleisch heutzutage kostet.

Aber zumindest rhetorisch mache ich eine klasse Figur!

Kochen: Ich kann kochen, was ich will, es gibt immer Gulasch ... oder Magen- und Darmkrämpfe. So habe ich schon viele Tischgesellschaften in die Flucht gekocht.

Wieso auch selbst kochen? Eine Frau, die einen Mann nicht davon überzeugen kann, daß er sie zum Essen einladen soll, die hat sowieso ihr Geschlecht verfehlt. Ich kann nicht nachvollziehen, daß Frauen im Zeitalter der Mikrowelle noch selbst kochen wollen. Das ist wahrscheinlich nur eine Unterstellung der Männer. Die einzige Frau, die ich kenne, die wirklich gern und gut kocht, heißt Alfred Biolek.

Männer: Manchmal bin ich direkt froh, daß ich ledig bin – ich müßte mich sowieso nur unter Wert verschleudern.
Um Männer auf sich aufmerksam zu machen, muß man nicht intelligent sein – man muß nur gut aussehen. Gott sei Dank bin ich mit einem Leib gesegnet, von dem man sagt, man müsse ihm ein Warnschild umhängen: »Vorsicht, frisch gestrichen!«
Trotzdem: Ich verdrehe noch immer allen Männern den Kopf – kaum schau ich sie an, schauen sie weg.

Ich will so bleiben, wie ich bin
(Elfriedes Song)

Heut nacht
War ich nur für Euch da,
Konnt'
Es nicht lassen, na klar;
Heut nacht
War wohl wieder ein Schwätzchen kurz angesagt.

Du starrst
Mich die ganze Zeit an,
Prüfst
Die Figur, na und dann
Glaubst Du,
Daß Du Ratschläge mir erteilen mußt.

Mit Fasten hab ich aber keine Eile,
Ich bin halt mehr der kompakte Typ,
Stehe Modell für die Hummeltaille
Formlos schön
Alle Zeit.
Frau Schiffer, die frißt der Neid!

Ich will so bleiben,
Wie ich bin:
Pfund für Pfund rund
Und doch gesund.

Ich will so bleiben
Sowieso,

Unterwerfe mich keinerlei
Modediktat,
Bin als eigene Frau
Eine Frau von Format,
Und sollt' heut nacht noch etwas passieren ...
Na warum nicht mit mir?

Ich will so bleiben, wie ich bin,
Mein Motto lautet: dick ist schick ... zum Glück!

Sissi – Wechseljahre einer Kaiserin
Der Komödie 2. Teil (... mit Schwiegermutter und Handy)

Sissi hat in dieser Fortsetzung Probleme mit ihren Zähnen (das entspricht der historischen Vorlage ... kleiner Exkurs für Interessierte), ansonsten lernt sie per Handy ihre Schwiegermutter samt den Tücken der modernen Technik kennen. Und das via 312 Schnittbearbeitungen in 7'02 Minuten.

Franz: Sissi, was ist denn los?!
Sissi: Ich kann nichts dafür – ich komme aus Bayern.
Schwiegermutter (am Telefon): Deine Zähne sind ganz gelb – Du mußt sie besser putzen.
Sissi: Ich bin so froh, daß Du mir das sagst, so unsagbar froh, ich hätt' sonst nie glücklich werden können.

Weil's von Herzen kam (Abschminke)
(Grundmelodie: What I did for love)

Kommen wir zum Schluß;
Uns bleibt noch, Euch zu danken.
Wenn ich nun geh,
Dann seid gewiß,
Daß ich gerne tat,
Was Ihr grade saht,
Weil's von Herzen kam.

Wenn die Maske fällt,
Verblassen Illusionen,
Und der Alltag
Kehrt zurück.
Dann wird offenbar,
Daß das, was man sah,
Nur Fassade war.

Doch schau –
Alles muß vergehn,
Und wenn wir heut auch gehn,
Wird doch Erinnerung bleiben.

Nichts ist ewig da,
Das Glück nicht, noch die Sorgen.
Bevor der letzte Vorhang fällt,
Sieh nach vorn,
Glaub an Dich,
Und Du wirst bestehn.

.... nur küsse 85

Drum leb
Jeden Augenblick;
Schau nie mehr zurück,
Denn Hoffnung wird Dir bleiben.

Träume sind fürwahr
Gelebte Phantasien,
Halt sie fest,
Laß sie nicht gehn.
Sag »Ich will!«
Und Du wirst sehn:
Träume, die bestehen.

Frl. Wonder riskiert gern mal 'ne kesse Lippe …

Zugabe: Die Geschichte von den drei Frauen

Ich bin in Fachkreisen dafür berühmt, daß ich Erlebnisse aus meinem kleinen intimen Alltag abends auf der Bühne gerne vernudel und zum besten gebe, denn ich sage mir immer: Wenn ich es meinem Publikum erzähle, spare ich mir schon den Psychiater.
Jetzt ist mir vor einiger Zeit etwas widerfahren, was mich moralisch komplett aus der Bahn geworfen hat. Ich habe diese Geschichte bei der nächsten Fußbehandlung sofort meinem Leib- und Magenorthopäden Doktor Scholl erzählt, und er meinte, sie sei pädagogisch so wertvoll, daß ich sie immer dann erzählen soll, wenn ein Publikum nach einer Zugabe verlangt.
Er ist der Überzeugung, daß ich beim Erzählen Stück für Stück meine eigene Kindheit und Jugend aufarbeite, um dann im Sinne von Hegel (These – Antithese – Synthese) zu meinem göttlichen Selbst zu gelangen.
Nun denn, es war folgendermaßen. Ich saß vor einiger Zeit in Stuttgart in der Praxis meines Frauenarztes (Inspektion für den Sommer), und neben mir saßen drei Frauen – ich nenn sie jetzt der Einfachheit halber Maier/Müller/Schmidt. Die drei hatten sich angeregt unterhalten, ich hab natürlich nicht zugehört ... nur so ein kleines bißchen, damit ich wußte, um was es ging. Im Laufe des Gespräches hatte es sich herausgestellt, daß die drei sich von früher her kannten, denn sie hatten alle vor 25 Jahren zur selben Zeit im selben Krankenhaus Söhne geboren. Ihre

Wege hatten sich kurz danach getrennt, und jetzt per Zufall hatten sie sich wiedergetroffen.
Natürlich hat eine versucht, die beiden anderen zu übertrumpfen mit dem, was aus ihrem Sohn geworden ist. Meinte die Frau Maier: »Ha, also mein Sohn, dem geht's gut, der ist erfolgreich, der hat zwei Großraumdiskotheken ... und Ihrer, Frau Müller?«
Die wollte natürlich noch eins draufsetzen und konterte: »Haha, mein Sohn, dem geht's noch viel guter, der ist noch viel erfolgreicher, der hat fünf Chinarestaurants ... Und jetzt sind Sie dran, Frau Schmidt!«
Die wurde immer kleiner, hat verlegen ein wenig mit dem Fuß gescharrt und dann gemeint: »Also mein Sohn, dem ... also der ist vom andern Ufer.« Darauf fingen die beiden anderen an, herzhaft hämisch zu lachen und meinten: »Aber meine Güte, wie werden Sie denn damit fertig, oder wie wird er damit fertig?«
Meinte Frau Schmidt: »Eigentlich ganz gut, dem geht's phantastisch, er hat zwei gute Freunde: Der eine hat zwei Großraumdiskotheken, der andere fünf Chinarestaurants.«

Denken Sie mal drüber nach! In diesem Sinne: a guat's Nächtle!

Isch freu misch!
(Das Folge-Programm)

[Premiere: 4.-31. August 1997, Renitenztheater Stuttgart]

.... isch freu misch 89

»Schön, daß Sie da sind ... isch freu misch!« Dieser irgendwann einfach so in den Raum improvisierte Schlachtruf von Frl. Ilona-Wommy Wonder-Christen aus »Nur Küsse schmecken besser!« war *das* Kultwort im Hochsommer 1996 in Stuttgart und avancierte so augenzwinkernd zum Titel des nachfolgenden Programmes.

So ist »Isch freu misch!« einerseits die Fortsetzung unseres »Küsse«-Programmes mit Antworten auf die brennenden Fragen der Menschheit:

»Wie geht es bei Gerlinde und ihrem Max weiter nach der Kleinen Schlachtmusik?«

»Was gibt's Neues am Hofe von Sissi und Franz?«

»Warum findet Elfriede Schäufele noch immer keinen Mann?« und

»Wo, bitteschön, liegt Remseck?«

Aber keine Angst – auch Neuzugänge brauchen nicht zu befürchten, auf der Strecke zu bleiben.

»Isch freu misch!« bietet magische Momente und einen Rundumschlag durch deutsches Kulturgut – von den Jakob Sisters über die Operette bis zur Leichten Kavallerie und von Zsa Zsa Gabor über Michael Jackson bis zur Volksmusik. Doktor Scholl ist als der ewig vom Schicksal Geplagte und von Wommy Gebeutelte natürlich wieder mit von der Partie; genau wie Elfriede Schäufele. Und auf vielfachen Wunsch schneit auch Kaiserin Sissi herein – alle natürlich mit neuen Erlebnissen. Dazu noch der eine oder andere prominente Zeitgenosse nebst neuen und unkonventionellen Figuren. Kommt, seht, staunt, genießt ... isch freu misch!

Melodien für Ilonen

Mit diesem Opening wollten wir an unsere Ilona-Parodie aus dem vorigen Programm erinnern und direkt daran anknüpfen. Mit dem Unterschied, daß es Ilona jetzt nicht nur ein-, sondern gleich zweimal gab, dargestellt von Frl. Wonders beiden Tänzern (natürlich im gelben Outfit, allerdings nicht ganz so gewagt wie weiland Wommy, sondern dezent im Hosenanzug – dazu passend Weste, Bluse, Jacke und die unvermeidliche Sonnenblume).

Eigentlich hätten die beiden ursprünglich folgende Zeilen (auf die Melodie von »In the navy«) intonieren sollen:

Fort jetzt, denn wir tun was.
Was tun macht wirklich viel Spaß,
Was herauskommt, ist egal.

8 x 4 ist 30,
Das ist falsch, das weiß ich,
Doch wen juckt's im weiten All?

Welche Freude – wenn Clementine kommt ins Haus!
Diese Freude – BACt sie den Deoroller aus!
Welche Freude – zieht sich der JEVERmann dann aus!

Ja, isch freu misch – wenn Dr. Best die Bürste biegt.
Ja, isch freu misch – wenn Milchanteil überwiegt.
Ja, isch freu misch – wenn Mutter Beimer Liebe kriegt
Ja, isch freu misch!

.... isch freu misch 91

Ja, isch freu misch – daß Angelo nicht laufen muß.
Ja, isch freu misch – seit gestern fährt er wieder Bus.
Ja, isch freu misch – wenn dieses Lied kommt zum Schluß.
Ja, isch freu misch!

Da waren uns dann aber doch effektiv zu viele direkte Werbe-Anspielungen verarbeitet, so daß wir diese Version fallenließen und uns nach einer kurzen Ansage aus dem Off statt dessen für folgende Zeilen entschieden haben:

Liebe Menschheit!

Herzlich willkommen bei »Stars in der Manege«. Wir haben weder Kosten noch Mühen gescheut, Ihnen Schönheit, Anmut und Sinnlichkeit in all ihren Auswüchsen präsentieren zu können, ... aber leider hatten heute abend weder Caroline Reiber noch Dagmar Berghoff Zeit; da Sie nun aber Ihre Eintrittskarte schon bezahlt haben, bleiben Sie einfach sitzen und genießen Sie in der Arena der Sensationen »Mütter, Monster, Mutationen«.
Strümpfe ohne Netz und doppelten Boden, Eleganz und anmutige Akrobatik auf schwindelerregend hohen Absätzen ... Und das Ganze umrahmt von den Ilonen der deutschen Fernsehunterhaltung. Da kann man doch wirklich nur eines sagen:

***Schön, daß Sie da sind, isch freu misch ...
wir freu'n uns!***

Freu Dich auf den Impfpaß,
Freu Dich über Altglas,
Freu Dich auf die letzte Bahn.

Wenn Du große Last hast,
Weil Du sie verpaßt hast,
Nimm wie Leda einen Schwan.

Freu Dich auf 'ne Tüte
Von Melittas Güte,
Morgens frischt Dich so was auf.

Flora und auch Fauna,
Dann ein Gang zur Sauna,
Das bringt Dich wieder richtig drauf.

Ja, isch freu misch!
    Das ist bei uns schon lange Brauch.
Ja, isch freu misch!
    Denn Onkel Sigmund freut sich auch.
Ja, isch freu misch!
    Und stehst Du einmal auf dem Schlauch,
Sag »Isch freu misch!«
    Also freu Dich!

Ja, isch freu misch!
    Schenkt Dir ein Fremder roten Mohn,
Ups, dann freu Dich!
    Es liegt am Duft, Sie wissen schon.

.... isch freu misch 93

Los, jetzt freu Dich
   Und greif schnell zum Telefon,
Sag »Isch freu misch!«
   Ja, isch freu misch!

Sprechtext (aus dem Off:)
Freude gibt's ab sofort auch im praktischen Spender, und wir präsentieren Ihnen als Familienpackung das Riesendöschen im Anderthalb-Zentner-Format. Meine Damen und Herren, Ihre Freudenspenderin des heutigen Abends: Frl. Wommy Wonder!

(Frl. Wonder erscheint dann unter Blitz und Donner aus dem Nichts auf der Bühne, mit Steckfrisur, rotem bodenlangen, schulterfreien und sündhaft hoch geschlitzten Kleid, ihre Stöckel mit 18-cm-Absätzen haben Stützrädle, um die ganze Last abzufangen. Folgendes Lied singt sie zur Begrüßung:)

Isch freu misch!

Hallo, liebe Menschheit! Diese beiden umgebauten
Rasenmäher auf der Bühne sind natürlich nicht die
Lüneburger Heiden, nein, es sind Ilonas Christen, und
wir sagen »Schön, daß Sie da sind ... wir freu'n uns!«

Hallo, grüß Gott, isch freu misch so,
Daß wir uns heute abend einmal sehn.
Für Euch hab ich mich feingemacht,
Ich könnte mir kaum einmal widerstehn.

Von mir wird viel erzählt in Presse, Funk und Film,
Und jeder meint, er kennt sich aus:
»Zu groß!«, »Zu schwäbisch!« und »Vom Land!«,
»Noch nie war sie beim Standesamt!«,
»Die putzt sich mächtig raus!«
Doch sag zu Faltencremes ich »Ne!«,
Ab 30 nehm ich Lederspray –
Denn das reicht völlig aus.

Man sagt, mein Bruder doubelt mich,
Wenn ich im Urlaub bin – das ist nicht wahr.
Man sagt, ich prügle meine Jungs,
Wenn sie mir nicht parier'n – zweimal im Jahr.

Es stimmt, ich leg auf Werte viel Gewicht,
Jedoch im Grunde bin ich ziemlich schlicht.
Man sagt, mein Lieblingsbuch sei heut
Vom guten alten Sigmund Freud –
Dafür sei's höchste Zeit.

.... isch freu misch 95

Zwar ging's bei mir im Leben rund,
Ich hab gedient beim Bücherbund –
Doch das, das geht zu weit.

Jetzt steh ich ziemlich dicht
Im hellen Rampenlicht
Und möcht Euch heute nacht verführn.

Macht Euch doch einfach frei
Von aller Rederei,
Und laßt Euch einfach irritiern.

Nehmt Euch heut abend ruhig etwas Zeit
Für eine kleine Weile Heiterkeit.
Ich stehe hier als Kind der Zeit,
Als Mensch mit Unzulänglichkeit
Und mach mich nun bereit.

Als Mensch mit Unzulänglichkeit,
Da bin ich eben Kind der Zeit,
Und jetzt, jetzt ist's soweit.

Schön, daß Sie da sind – isch freu misch!

Aus dem Leben einer Diva

»... alles, was vom Gesicht ablenkt, kann ich tragen!«

Frl. Wonders Gedankensplitter zu Themen der Zeit

Männer, Fans und Publikum: Männer, die in der ersten Reihe sitzen und so ganz lasziv den obersten Hemdknopf geöffnet haben ..., das fällt für mich schon fast in die Rubrik »sexuelle Belästigung am Arbeitsplatz«.
Einmal brachte mir ein junger Mann (groß, blond, blauäugig und breite Schultern, wie man's eben gerne hat) nach der Vorstellung einen Teddy auf die Bühne: er war circa 1,20 m hoch und konnte wunderschön »Möh« machen, wenn man ihm auf den Bauch drückte. Und glauben Sie mir, ich habe gedrückt wie

eine Wilde. Am Teddy selbst war ein kleines Zettelchen befestigt: »Frl. Wonder, das ist ein Geschenk für Sie, ... damit nachts auch mal was neben Ihnen liegt.« Ich kann selbst kaum glauben, wie oft ich mich dabei ertappe, daß ich morgens mal kurz rübergreife. Naja, dem muß ich wenigstens kein Frühstück machen ...

Junggesellendasein: Manchmal fühle ich mich wie eine Statue: Wunderschön anzuschauen, man schmückt sich damit gerne den Vorgarten, aber man holt sie sich halt nicht in die Wohnung. Dennoch: Über mein Schicksal möchte ich mich nicht beklagen, seit ich in Stuttgart in der Nähe vom ADAC wohne. Das ist für uns JunggesellInnen sehr praktisch, denn die Gelben Engel haben für Samstag abends immer einen Abschleppservice eingerichtet ... Da habe ich mittlerweile schon die goldene Kundenkarte.

Sport: Sport und ich – zwei Welten prallen aufeinander. Ich habe auf sportlichem Gebiet noch nie einen Titel erringen können; na gut, dafür hatte ich schon ein paar Sportler. Und mittlerweile bin ich altersbedingt wohl eher Siegerin im Faltenwurf.
Ein offenes Geständnis: In meiner von katholischer Erziehung geprägten Jugend war ich mal schwäbische Meisterin in Beicht-Athletik: fünfzehn Sünden in zweieinhalb Minuten!

Wasser: Es heißt, der menschliche Körper bestehe zu mehr als zwei Dritteln aus Wasser ... Da bin ich dem Herrgott aber dankbar, was er bei mir aus dem restlichen Drittel gemacht hat.

Wohnungen: Ich habe meine 16-qm-Villa im Tübinger Norden meistbietend verkauft an eine dreiköpfige Familie mit Hund. Ich mußte einfach raus, weil ich Probleme mit meinem Vermieter hatte – der wohnte über mir im Erdgeschoß.

Transpiration: Peinlich, peinlich – immer wenn ich transpiriere, komme ich so ins Schwitzen; wahrscheinlich bin ich schon in dem Alter, wo man das Wasser nicht mehr halten kann.
Sie glauben gar nicht, wie einem auf der Bühne unter Scheinwerferlicht und Zweitfrisur der Saft herunterrinnt. Naja, Hauptsache, frisch gepreßt! ... Das waren übrigens exakt die Worte, die meine Mutter damals benutzt hat, als sie mich nach der Geburt das erste Mal sehen durfte.

Travestie: Travestie ist irgendwie mit Schach vergleichbar – man versucht ständig, aus einem Bauern eine Dame zu machen.

Frl. Wonder: »Wommy«: diesen Namen habe ich meiner Mutter zu verdanken. Hätte sich mein Vater durchgesetzt, dann hieße ich heute »Aphrodite«. Das ist griechisch und heißt auf deutsch »die Schaumgebremste«. Naja, mein Vater wollte eine Tochter, meine Mutter einen Sohn, dann kam ich ... ein Fruchtcocktail. Das haben sie nun davon, daß sie sich nicht einig wurden.
So etwas wie ich ist kein Wunschkind – eher eine Prüfung fürs Jenseits. Aber die haben meine Eltern gut bestanden; kein Wunder, sie sind katholisch und

.... isch freu misch 99

gewinnen jedem Leiden einen eschatologischen Aspekt ab. Meine Mutter ist so katholisch, bei der steht sogar auf der Nähmaschine »Pfaff«.

Ich war nicht immer so hübsch wie heute. Nein, ich habe den gesamten Evolutionsprozeß von der Raupe zum Schmetterling in voller Konsequenz mitgemacht. Als kleines Kind war ich zum Beispiel noch sehr häßlich – meine Mutter hatte auch zwei Jahre lang die verkehrte Seite gewindelt. Erst im Laufe der Zeit, sozusagen im Rahmen der Menschwerdung der Frau, bin ich dann zum wunderschönen Fräulein erblüht.

Und eigentlich bin ich mit mir recht zufrieden – gut, ich habe ein schlechtes Gedächtnis. Ich kann mir nur unwichtige Sachen merken: Zahlen, Telefonnummern, Kontostände – aber nie Namen und Gesichter. Das hat aber auch einen Vorteil: Man lernt ständig neue Leute kennen.

Fazit: Sie sehen also, als Diva hat man es auch nicht leicht ... Bleiben Sie lieber sterblich.

Doktor Scholl: Ich werde immer gefragt, ob zwischen mir und ihm zarte Bande bestünden. Das muß ich kategorisch dementieren: Scholl und ich, wir wahren An- und Abstand. Er hat mich in all den Jahren der Zusammenarbeit dann auch nur ein einziges Mal geküßt ... als er zufällig keine Serviette zur Hand hatte.

Die Presse schreibt immer, Doktor Scholl hätte eine große Ausstrahlung. Ganz im Vertrauen: Er hat wohl eher eine große Ausdünstung. Und wenn Applaus das Brot des Künstlers ist, dann geht Doktor Scholl oft hungrig zu Bett.

.... isch freu misch 101

Küßchen, Küßchen

Eigentlich bin ich als bodenständiger Mensch immer in meiner Erziehung verhaftet geblieben. Ich trinke privat bevorzugt Mineralwasser, auch wenn ich es auf der Bühne verleugne. Meine Leidenschaft fürs sprudelnde Element hat mir immerhin den Spitznamen »Queen of Table Waters« eingebracht, und es gab Zeiten, da konnte ich nach einem Schluck nicht nur den Kohlensäuregehalt bestimmen, sondern auch Ursprungsquelle, Härtegrad des Wassers und Name des durchlaufenen Klärwerks genau angeben.
Sekt und Champagner sind in meinen Augen nur geeignet, um darin zu baden. Aber das Gefühl hatte ich mir als Kind auch prickelnder vorgestellt. Sei's drum. Ich betrachte das Nippen an Alkohol lediglich als von mir eingeforderte gesellschaftliche Verpflichtung, die es zu erfüllen gilt bei langweiligen Steh-Parties und Empfängen, bei denen jeder nur redet und keiner zuhört. Gut, das Büffet ist gratis, und da bin ich dann als Schwäbin wie Salzsäure ... ich fresse mich durch, mache aber einen großen Bogen um Kaviar. Ich hasse Kaviar, ich habe ständig das Bild vor mir, der Koch hätte in der Küche arme Forellen mit dem Lineal glattgestrichen. Aus diesem Grunde habe ich immer ein Döschen Brombeermarmelade im Handgepäck, um es als optischen Kaviar-Ersatz geschickt auf dem Teller zu drapieren und so zu tun als ob. Man muß einfach Ideen haben.
Kürzlich war ich auf eine dieser Gesellschaften als optische Dekoration geladen, da kam eine Frau auf

mich zu, die beim Deutschen Fernsehen arbeitet. Insofern noch nichts Schlimmes, aber die war von der Redaktion von »Arabella« und lud mich ein, als Gast teilzunehmen in der Sendung mit dem schönen Titel »Ich bin dick und mache Travestie«. Ich und dick?! Mir ist vor lauter Empörung die Kuchenschaufel aus der Hand gefallen.

Kurze Zeit später lernte ich eine Frau kennen, die wirklich alles in sich vereinigt, was man sich unter perfekter Weiblichkeit vorstellt: Schönheit, Erotik, Anmut, Ausstrahlung, Intelligenz. Sie hieß Verona Feldbusch und lud mich ein, in ihrer Sendung »Peep!« ausgiebig über mein Liebesleben zu plaudern. Ich habe dann abgelehnt, denn wegen der zwei Minuten lohnt doch die Fahrkarte nicht ... Ich habe nichts gegen die Sendung, aber können Sie sich vorstellen, wie es aussehen würde, wenn ich vor dem Werbeblock von Dolly Buster angesagt würde?!? Eben. Für diejenigen, die Dolly nicht kennen: Die Frau hat mehr Silikon in der Oberlippe als manch andere Frau in der Oberweite. Ich muß lächeln beim Gedanken, wie sie sich bei meiner Ankündigung in Positur stellen würde mit überbordender Oberweite, ausladender Hüfte und einladendem Lächeln, so nach dem Motto:

Mainä Härrän, die ärrotischä Quischfragä:
Wasch hat Fröilain Wondär im Däkolltäää?

Isch das	A	Flaisch?
Odärr abärr	Bäh	Zzzzzzilikon?
Odärr abärr	Tzäh	Füllwattä?

.... isch freu misch 103

Da geb ich Ihnen die Antwort lieber selber: Es ist
»A/Fleisch«, ... ich binde mir einfach meinen Bauch
höher!

Meine Erlebnisse auf diesen Steh-Feten habe ich in
Versform verpackt. Die Liedzeilen folgen der Melodie von »Tico Tico« und sind in 1'31 Minuten verständlich zu singen; können Sie sie so schnell lesen?

Es gibt die Art von Fest, wo man sich sehen läßt,
Dort trifft man immerzu die schöne feine Welt.
Dort muß man dringend hin,
Denn danach steht der Sinn,
Wenn man sich wirklich für was ganz Besondres hält.

Man nimmt das teure Kleid
Mit implantierter Oberweit',
Man muß ja schließlich zeigen, was man alles hat;
Und dann mit viel Trara, dann ist man endlich da
Und sieht sich erst an all den andern Schnepfen satt.

»Oh, hallo Darling, Du siehst heute aber gut aus!«
Die ist so fett, wie kommt die nachts nur aus 'm Kleid
raus?
Von der die Tochter, die ist schwanger
Und noch ledig – oh mein Gott,
Da war sie für ihr Alter wohl etwas zu flott.

»Um Ihren Mann muß Sie ja jede Frau beneiden!«
Hätt' ich 'n Kerl wie den, dann ließe ich mich
scheiden.

Mit Sekt und Kaviar gibt man sich dann den Rest,
Weil's sich mit Sekt im Bauch viel besser lästern läßt.

»Ach, hallo, bussi, hey – wie ich mich für Dich freu,
Daß Du seit gestern nur noch hundert Kilo wiegst!«;
»Dein Kleidchen sitzt perfekt,
Sieht aus wie fast geleckt,
Bekommste Luft, wenn Du auf Deinem Rücken liegst?«

»Ist Ihr Duft aus Paris? Der riecht ja wirklich fies.
Und erst Ihr Kleidchen! Früher nannte man das Sack!«
»Frau Gräfin woll'n schon geh'n?
Schön war es, Sie zu seh'n,
In Ihrem Alter, da genießt man jeden Tag!«

Sprechtext zum Samba-Mittelstück:
Oh, hallo, meine Liebe, schön, daß Sie auch hier sind,
… ich freuuuuuuu mich. Darf ich Sie nächste Woche auch zu meiner Party einladen? Wir haben einen Yakoozi …, ach so, Sie haben einen Swimmingpool. Naja, die moderne Hausfrau, die hat ja auch Zeit!

Weiter dann im Lied:
Man redet immer wieder nur von Etikette
Und wäre froh, wenn man nur wirklich welche hätte.
Man lacht sich zu und ist diskret,
Denn das ist oberstes Gebot,
Und jede Kleinigkeit ist gleich im rechten Lot.

Frau Müller läßt sich nun schon mehr als dreimal liften,
Und bei der Kunz, da gehen alle Männer stiften,

………   isch freu misch   …………………………105

Nur bei Margret sitzt das Make-Up ja perfekt –
Es ist schön zu sehn, wie etwas Puder Tote weckt.

Man gibt sich wortgewandt und äußerst elegant,
Bis all die anderen vor Neid fast explodiern;
Setzt dann sein Lächeln ein
Und hält das Gläschen fein,
Man will sich schließlich vor den andern nicht
                                                              blamiern.

Man geht so gern dorthin, wo diese Parties sind,
Man will ja wissen, was bei anderen passiert;
War auch der Sekt nicht kalt,
Dafür die Schnittchen alt,
Man hat sich trotzdem wirklich blendend amüsiert.

Leichte Krawallerie
Gerlinde & Max ... nach der Scheidung

Gerlinde hat bekanntermaßen ein Faible für Klassik und äußert sich über ihr Privatleben, ihre Vorlieben und Abneigungen, vor allem aber über die Probleme mit ihrem Gatten Max immer in Verbindung mit klassischen Melodien. Ob Mozarts »Kleine Nachtmusik«, Offenbachs »Orpheus in der Unterwelt«, Rimskij-Korsakows »Hummelflug«, Beethovens »Für Elise« oder im vorliegenden Fall Franz von Suppés »Leichte Kavallerie« – überall findet sie Mittel und Wege, ihre Anliegen in Versform an die vorherrschenden Melodien anzupassen. Dem geht jeweils ein mehr oder minder langer Monolog voraus, von dem wir exemplarisch einen abdrukken wollen. Aus den schon im vorigen Kapitel genannten Gründen wird auf den Abdruck des anschließenden Liedtextes verzichtet. Hier also Gerlindes Monolog, bevor sie zu einer Tirade auf Franz von Suppés »Leichte Kavallerie« ansetzt ... mittlerweile ist sie am Ende ihrer Ehe mit Max angelangt.

(Gerlinde betritt den Saal in einem türkisfarbenen bodenlangen Kostüm mit Fledermausärmeln, goldenen Stickereien und Applikationen – eben die Sorte von Kostüm, die eine Frau ihres Standes für schick hält. Ihre Frisur ist streng gefönt, die große Brille unterstreicht den Gesamteindruck; Haltung und Ausdruck schwanken zwischen Zorn, Wut, Haß, Resignation und triumphierender Schadenfreude, wenn sie sektglasbewehrt die folgenden Zeilen zum besten gibt.)

.... isch freu misch 107

Ich bin glücklich! Mein Gott bin ich glücklich!
Hallo hier in der Selbsthilfegruppe. Ich heiße Gerlinde und habe ein Problem. Mein Problem heißt »Männer«, genauer gesagt: *ein* Mann ... mein Mann ... Max!
Wir sind jetzt sieben Jahre verheiratet, und ich habe alles für unsere Ehe getan. Ich war dafür, in unserer Beziehung alles zu teilen: Ich habe den Müll gemacht, Max hat ihn runtergetragen. Ich wollte auch nie, daß er sich von mir beobachtet fühlt: Wann immer er in der Küche den Abwasch erledigt hat, habe ich die Tür zugemacht. Ich war auch immer nachsichtig und habe gesagt: »Max, weck mich erst um halb sieben, ... und bring mir dann das Frühstück ans Bett.« Wenn er mir gegenüber wieder einmal ungerecht war, habe ich immer gebeten: »Max, sei etwas netter zu mir und denk an das alte Sprichwort: ›Mit Honig fängt man

mehr Fliegen als mit Essig!'« Darauf meinte er nur lakonisch: »Das mag schon stimmen ..., aber wenn man ihnen die Flügel ausrupft, fressen sie das, was sie kriegen.«

Max gehört zu der Sorte Mann, die einer Frau viel Toleranz abverlangt. Er hatte diese eine kleine unangenehme Eigenart: Er saß Tag und Nacht nur vor dem Fernsehapparat. Nun gut, als es mit »Lindenstraße« begonnen hatte, hatte ich noch nichts dagegen. Immer wenn diese Sendung lief, saß ich in der Messe. Aber dann kamen »Gute Zeiten, schlechte Zeiten«, »Unter uns«, »Marienhof«, »Verbotene Liebe«, »Für alle Fälle Stephanie« ... Als er sich früher für Schimanski begeisterte, habe ich halt ein Auge zugedrückt. Dann kam Kommissar Rex, und ich habe nochmals ein Auge zugedrückt ... aber bei »Baywatch« mit Pamela Anderson war kein Auge mehr übrig.

Nicht daß ich mich mit ihm gestritten hätte, nein. Es gab zwar ab und an eine leichte »Krawallerie« ... Aber ich dachte immer, Pamela ist Zelluloid, aber Gerlinde ist reell. Bis dann auch bei mir das Alter kam, wo die Schwerkraft ihren Tribut forderte.

Und als wir dann kürzlich bei Aldi an der Kasse in der Schlange standen und sich diese junge, blonde Kassiererin mit den beiden eingebauten Airbags so ganz tief in den Einkaufswagen bückte, da schien in Max' Augen Pamela Anderson lebendig zu werden. Ich bitte Sie! Was ist so interessant an einer Frau, die nur halb so alt ist wie ich, aber die doppelte BH-Größe braucht?

Max ging dann kurz darauf Zigaretten holen ... Als er nach zwei Tagen nicht zurückkam, dachte ich zuerst daran, sein Zimmer zu vermieten. Mich verläßt keiner ungestraft wegen einer Jüngeren, ... es sei denn, es bleibt ihm nichts anderes übrig.

Aber nach einer kurzen Zeit des Lamentierens habe ich mein Schicksal überdacht, bin in mich gegangen und habe ausgiebig über alles reflektiert. Ich bin dann zum Kühlschrank gegangen, hab ihn aufgemacht, reingeschaut und war glücklich! Denn: alles in allem und mit etwas Abstand genau betrachtet: Wenn einem so viel Gutes widerfährt, so ist das schon ein Schlückchen wert. Prost!

Beim Anblick von Frl. Wonders Beinen war Hella ganz von Sinnen

Nochmals fünf Stichwortfragen an Frl. Wonder

1 Was machen Sie tagsüber?   Ich zähle mein Geld.

2 Laster?   Sind groß und verstopfen die Autobahn.

3 Ärgernis?   Neben Unpünktlichkeit und Unzuverlässigkeit ärgern mich eigentlich nur drei Dinge: Wenn die Tomatensoße partout nicht im Topf bleiben will, wenn's mit dem Nachbarn nicht klappt, wenn mein Deo vor mir Feierabend macht ... Und wenn am Ende des Geldes noch so viel Monat übrig ist.

4 Welche drei Dinge würden Sie auf eine einsame Insel mitnehmen?   Jemand zum Kuscheln (der dann nicht fliehen kann), die Erinnerung an schöne Auftritte, ... und natürlich meine Badehose!

5 Noch Fragen?   Ja – was, bitteschön, sind Cerealien? Wo liegt Villa Bajo? Warum hat Angelo erst seit kurzem ein Auto? Und: Was um alles in der Welt sind Byzantiner Königsnüsse?!

.... isch freu misch 111

Stadel-G'schichten – eine kleine Trachtmusik

Es wirken mit:
Albino & Ramona Bauer, ein volksdümmliches Paar (er: fesch im Janker und mit Kniebundhose, nicht blond, dafür brünette Sturmfrisur; sie im schmucken Dirndl mit einer brünetten, aber leicht blond gesträhnten Frisur aus einer schlagfesten Mischverbindung von Styropor, Styrodur und ordinärem Pappmaché), ferner ihr Sohn *Ramino* (barfuß, mit Seppelhut, Kniebundhose und Hemd) samt *Hund* (imaginär)
Es erscheint der Knabe Ramino zu den Klängen der Muppets-Show-Titelmelodie (Stadelfassung) mit einer Hundeleine auf der Bühne. Sein imaginärer Kläffer hetzt ihn hechelnd und winselnd über die Bühne (fabelhaft eingesungen von Alexandra Ganter, die parallel dazu auch noch alle vier Stimmen – von Sopran bis Baß – aufgenommen hat. Es lebe der Synergie-Effekt).

Ouvertüre
(Melodie: Muppet-Show)

Grüß Gott, Ihr Buam und Madeln,
I sag »I freu mi so!«
Ihr seid's bei uns im Stadel
Bei einer Suppersupppershow.

Wir jodeln, bis der Arzt kommt,
Weil uns das Zäpfchen schwillt,
Bis man uns von der Alm bombt
Und 's Dirndl überquillt.

Jetzt auf, Ihr Buam und Madeln,
Habt's Spaß, geniert's Euch nicht
Und schunkelt, bis der Stadel
Wackelt und zusammenbricht.

gesprochen:
Und hier sand's für Eich –
die Supperstars der deutschen Volksmusik:
Albino und Ramona Bauer!
Applaus, Applaus, Applaus!
    (Abgang, Hund zerrt gen Ausgang)

Zu den Anfangsklängen von »Wann fangt denn endlich d'Musi an?« betreten Albino (klein) und Ramona (wuchtig) die Bühne und geben »a herzigs Bildl« à la Marianne und Michael ab.

Folgenden Text interpretieren sie in mehr oder minder trauter Harmonie:

.... isch freu misch 113

Wann fangt denn endlich d' Musi an?
(Melodie: Wann fangt denn endlich d' Musi an?)

Ich wußt' beim ersten Tanz,
Daß Du mi gernhab'n kannst;
Du sagtest ziemlich schnell: »I steh
Auf Deinem kleinen Zeh.«

Du standest ziemlich dumm
Auf meinem Zeh herum;
Er war vor Schmerz schon edel-weiß,
Und i dacht nur an ois:

Wann fangt denn endlich d' Musi an,
Damit i mit dir schmusen kann?
    sie (voll Schmerz): Damit i endlich schreien kann?
Beim Tanzen Arm in Arm,
Da kommt ma näher z'samm.

Wann fangt denn endlich d' Musi an,
Damit i mit dir schmusen kann?
Des dauert viel zu lang,
Geh Musikanten, reißt's Eich z'samm. Ju-hui!

R: Servus!
A: Grüezi!
beide: Und hallo!
R: I bin die Ramona!
A: I bin der Albino!
R: Und zusammen sammer Albino und Ramona ...
beide: Bauer.

R: Sie kennens uns vielleicht alle von unserer aktuellen Hitsingle »In meim Kopferl hat's a Echo«.
A: Recht hast, Ramona!
R: Und mir freun uns so, daß wir heut abend in Stuttgart im Renitenzstadel* gastieren dürfen.
A: Recht hast, Ramona!
R: Denn Stuttgart ist in Stuttgart für Stuttgart** das beste Publikum der Welt.
A: Recht hast, Ramona!
R: Frei nach der alten Bauernregel: Wer Elend nur und Not gekannt, der find't auch Stuttgart interessant
A: Recht hast, Ramona!
R: Schauens' sich Stuttgart doch mal an: tagsüber ein Häusermeer, abends ein Lichtermeer, ab 10 Uhr nachts geht gar nichts mehr.
A: Recht hast, Ramona!
R: Aber Spatzl – fesch siehst fei aus in Deim neuen Jankerl.

---

* Hier läßt sich natürlich jede andere Stadt nahtlos einfügen, die angesprochene Freude ist einfach universell.
** Siehe oben bei *!
***Der sprachlich geschulte Leser wird erkennen, daß das Reimschema nur für Städte mit zwei Silben funktioniert.
Alternative für einsilbige Städte:
  Wer Chaos liebt in Saus und Braus,
  Der fühlt in Ulm sich wie zu Haus.
Alternative für dreisilbige Städte:
  Es gilt noch heut' das Aufrecht-Gehn
  In Bielefeld als Phänomen.
Alternative für mehrsilbige Städte wie Mönchengladbach: keine.
Unser Tip: meiden, großräumig umfahren.

.... isch freu misch 115

A: Recht hast, Ramona! Du geh, Spatzl, was hast denn heit für a fesches Frisurel auf?

R: Gut, daß Du fragst. Des is mei Lia-Wöhr-Gedächtnisfrisur! Echt Heidelberger Mischzement ...; kommt drauf an, was man draus macht!

A: Geh, Spatzl, sing mr a Liedel?

R: A LIDL? Von mir aus au an ALDI.

A: Sing mer ALDI LIDL.

R: Sing mer ALDI LIDL, die's von uns im PENNY-Markt zu kaufen gibt.

A: Recht hast, Ramona!

R: Und zwar die Höhepunkte von unserer neuen CD, die Sie ab nächste Wochen auf jeder besseren Butterfahrt bekommen können für nur 19,95 DM inclusive am Veschperbrettl und am echten Katenrauchschinken ... Ganz ohne Rheumadecke und Kaufzwang.

A: Recht hast, Ramona! Pack mer's.

R: Pack mer's. Wenns' wollt, dann schunkelts' mit – wenn net, dann jeder zweite. Herr Kapellmeister!

(Zum folgenden Playback eines Cindy-&-Bert-Titels schunkeln und twisten beide gemeinsam über die Bühne)

Immer wieder samstags
(Melodie: Immer wieder sonntags)

Jeden Samstag kommen diese Lieder,
Die ich langsam nicht mehr hören kann.
Caroline senkt die Lider nieder
Und glaubt, damit kriegt sie jeden Mann.

Immer wieder samstags
Kommt diese Musik an, schubidubidubdubdub,
Und ich gehe auf die Knie,
Weil ich sie nicht mehr ertragen kann,
Los – rennts' weg, denn jetzt fängt's an.

(Zu den folgenden Instrumentalklängen dreht sich Ramona
unter Albinos Armen fesch im Kreis – quasi Dradiwaberln
für Anfänger; anschließend dasselbe in umgekehrten Positionen. Albino hat ja für Ramona auch im aufrechten Gang
nur mittlere Achselhöhe)

Lustig schunkelt dann das Stadlmadl,
Gotthilf grinst sich Falten ins Gesicht,
Heino zeigt uns stolz sein strammes Wadl,
Heintje singt »A Kerzl, des macht Licht«.

Immer wieder samstags,
Da rockt die Kuh im Stall, schubidubidubdubdub,
Und die Bäuerin kriegt das Jodeln;
Springt der Musikantenzug vom Gleis,
Dann verkriecht sich selbst das Edelweiß.

.... isch freu misch 117

Immer wieder samstags
Kommt diese Musik an, schubidubi dub dub
duuuuuub

(Musik und Beleuchtung flackern wie kurz vor einem Stromausfall, kommen dann aber wieder auf Touren, als das Playback nahtlos in »Scatman« übergeht. Albino zückt die Sonnenbrille und gerät außer Kontrolle, Ramona kommt erst in Fahrt, dann in Ekstase und zuletzt außer Puste. Alles eine Sache des Korsetts. Damit gewinnt die Redewendung »sein Ränzlein schnüren« eine ganz neue Bedeutung)

Laßt uns jodeln
(Melodie: I'm a scatman)

Schwarzbraun ist die Haselnuß,
Blau der Enzian.
Wenn der Franz zur Zenzi muß,
Dann fangen's alle an.

An zu jodeln,
Ja, sie jodeln,
Einfach jodeln,
Laßt uns jodeln.

(Das anschließende Tohuwabohu auf der Bühne kann nicht beschrieben, muß erlebt werden – wenigstens einmal. Stroboskop und mehrere Lichteffekte untermalen die Szenerie und haben schon mehr als einen Techniker zur Kündigung veranlaßt. Ramino kommt während dieses Liedes auf die Bühne (so schließt sich rein dramaturgisch der Kreis), diesmal ohne Hund (Abwechslung!), wedelt der sich immer emsiger drehenden Ramona den Rock hoch, so daß sie aussieht wie eine Mischung aus tanzendem Derwisch und Brummkreisel; nach »Scatman« torkelt Ramona sich wieder zurecht und singt mit den beiden anderen unter choreographischer Unterstützung aller ein Nonstop-Medley aus den beiden nächsten Titeln)

Herz-Terz-Medley
(Melodien: Lieder, die von Herzen kommen/
Zillertaler Hochzeitsmarsch)

Lieder, die in Terzen kommen
Und uns auf die Nerven gehn,
Volksmusik heißt so, weil
Sie verfolgt uns, wo wir gehn und stehn.
    Alternative (je nach Geschmack und Ortschaft):
    Das sind Lieder, die der
    Dieter Thomas Heck wird nie verstehn.

Liebe, Echo, hohe Berge,
Kiloweise Alpenglühn,
Tote Vögel falln vom Himmel –
Ist die Welt nicht schön?

Ijododeldü, jododeldei,*
Oh Herrschaftszeiten, i jodel mi frei.
Die heile Welt, die bringt uns Geld,
Drum sing'n wir weiter, bis es Euch gefällt:

---

* für Kenner: zweites Futur bei Sonnenaufgang

.... **isch freu misch** 119

Maria und Margot Hellwig sind ein tolles Paar,
Ihre Oberweite kommt von Milch, das ist doch klar.
Caroline Reiber ist von Rüschenpest befall'n,
In Patrick Lindner tut sich jede Oma verknall'n.

Solo Albino:
  (Ramona und Ramino drehen sich im Kreis und Takt)
Wenn d' Musi kommt, dann nichts wie weg
Und Ohren zu und in den Wald.
Brückerl, Bacherl, Maderl, Buberl
Sind voll durchgeknallt.

Solo Ramona und Ramino:
  (Albino schweigt und genießt)
Lalalalala – Volksmusik ist unsre Freud,
lalalalala – und des andern Leid, denn:

Ob der Stefan Mross die Tute tutet, weiß man nie,
Ob er wirklich selber bläst, weiß nur die Stefanie.
Heino setzt die Brille auf und Karl Moik das Toupet,
Gitti und Erika tun sich noch was in den Tee, juchhe.
  (tosender Applaus, Verbeugung und Abgang)

Nachtrag:
Hier noch eine kleine verwaiste Weise, die die Aufnahmeprüfung in die Volksmusik-Nummer nicht bestanden hat. Zum Abdruck taugt sie allemal.

Holladriö,
Ja, die Alm, die ist sündig,
Da wird man fündig,
Da fand Steffi Hertel
Auch schon ihr Pferd'l.

Dort gibt's Bacherl und Brückerl,
Komm noch ein Stückerl;
Fährst Du mit Dei'm Radel
Auf eine Nadel,
Dann geht d' Luft raus-i,
Und es ist aus-i.

Traholladriö.

Die ewig junge Zsa Zsa G.

Mit Zsa Zsa G., ›ungarischär Wältstar aus Übärzeugung‹, hat Frl. Wonder eine Figur ins Programm genommen, die vom Humor her genau zwischen Wommy und Elfriede Schäufele liegt. Sie schimpft auf ihre eigene polemische Art und in ihrer ›ganz späziällän Sprächwaisä‹ über alles, was anliegt ... besonders gern aber natürlich über ihre Weltstarkonkurrenz.

Damit hat sie nicht die etwas philosophische Alltagsbetrachtung, die Wommy auszeichnet, aber auch nicht die derbe »Kodderschnauze« einer Elfriede Schäufele, die alles durch ihre eigene Weltanschauung gefiltert weitergibt, nein, sie ist die zynisch-bissige, sämtliche vermeintliche Konkurrenz plattbügelnde Lästertante, die sich zu allen aktuellen Themen und Zeitgenossen äußert, bevor sie sich mit einem Lied oder einer Parodie auf »Kolläginnän von mir« verabschiedet. Wir erinnern nur an ›mainä Parodie auf Tina Törnär, a Kollägin von mir ... a bissälä ältär, abär macht nix‹.

(Zsa Zsa G. kommt durch den Zuschauerraum und kämpft sich zur Bühne vor:)

Kindär, ich bin hiiiiiiier!
Hälft mir auf die Bühnä, ich bin vollkommän aus där Puschta ...
Wo blaibt där Applaus? Wenn Ihr nicht klatscht, gähä ich nochmals raus und komm danach fünfundzwanzigmal zurück. Ich bin nicht von där Bühnä zu bombän ... Das hab ich von Marika, där altän Schachtäl.

Ich möchtä mich kurz vorställän, main Namä ist Zsa Zsa Gabor, und mainä Hobbies sind Hairatän, Schaidän und Schwangärschaftsgymnastik. Ich kommä aus Ungarn, und Ungarn hat drai großä Äxportartikäl: Zsa Zsa Gabor, Nilpfärdä – und Marika Rökk. Abär die tanzt ja nicht mähr, die hat mittlärwailä so vielä Krampfadärn ..., is schon fast a zwaitä Wirbälsäulä. I hab immär gäsagt: »Marika, wänn i mal in Dai Altär komm, dann hör i auf!« ... Abär da hab i Gott sai Dank noch zwanzig Jahr Zait.

Was is schon Marika? Nur Rökk-Musik. Äs haißt immär, Marika sai a ungarischä Säxbombä. Aber wänn Marika is a Säxbomb, dann bin ich a Gulaschkanon. Marika isch nur ungarischä Gulasch – und was ist Gulasch? Nur Schascha-Lik ohnä Spieß!

Marika hat in dän Sächzigärn immär Wärbung gämacht mit däm Spruch »Main Hifthaltär bringt mich um!«, abär das warän nur läärä Värsprächungän.

I hab auch immär gäsagt: »Marika, Du hattäst nie Ärfolg im Läbän, für Dich war Triumph immär nur ainä Wäschämarkä.«

I bin häut abänd hierhärgäkommän mit där Aktion ›Ässän auf Rädärn‹, dänn ich muß Gäld värdienän für mainän Prozäß gägän Älkä Sommär.

Viellaicht habän Sie gäläsän, ich habä ainmal gäsagt, Älkä ist hundärt Jahrä alt und hat kain aigänäs Haar mähr. Jätzt muß ich zahlän. Abär ich habä auch gälogän, wail Älkä ist 105 und trägt Pärückä. Das haißt, normalärwaisä trägt Älkä ainä Pärückä. Häutä abänd abär nicht, häutä abänd tragä ich ihrä, und Älkä blaibt zu Hausä. Ich sagä immär: »Älkä, ich värgässä nie ain Gäsicht, ... abär bai Dir gäb ich mir Mühä«.

.... isch freu misch 123

Wänn i jätzt a Parodie mach odär a Lied sing, dann gäht jädär Pfännig Gaaaaschä wäg an die Prozäßkostänhilfä »Zsa Zsa gägän Älkä Sommär« und an die Stiftung »Hormocäntagäfährdätä Frauän« untär Vorsitz von Marika. Und wänn Ihr nicht großä Applaus spändät, dann wärdät Ihr allä gähairatät ..., odär i komm fünfundzwanzigmal zurück.

Zsa Zsas Lied

Ich haiß Zsa Zsa und bin
Für Männär ain Gäwinn
Und sag zu jädäm Darling, Schätzchen, Bussi, Tschau.

Main Akzänt, där bätört,
Wie äs sich halt gähört –
So wächst main Konto mit dän Waffän ainär Frau.

Ich bin ain Supärwaib
Mit wohlgäformtäm Laib,
Mainä Kolläginnän sind allä nur Skälätt.

Will man mich provoziern
Und bai mir spioniern,
Dann laß ich's krachän,
Und dann wird's ärst richtig nätt.

Ich bin där Star där haißän wildän Männärträumä,
Mainä Rivalinnän, die jag ich auf die Bäumä.
Mit jädär Hairat wärdä ich ain wänig raichär, mon
amour.
Und ich värmassälä dän andärn gärn die Tour.

Auch wänn so vielä gärnä übär Zsa Zsa lästärn,
So waiß ich doch, maine Taktik ist nicht von gästärn.

Ist auch die Prässä bös,
Macht mich das nicht närvös,
Paßt mir was nicht, dann klag ich mich ärst richtig
raich.

Ain Blick ins Däkolletää,
Und jädär sagt »Olé!«
Mit mainän Raizän krieg ich jädän Richtär waich.

.... isch freu misch 125

Reflexionen ... das Schutzengel-Lied

In einem ansonsten humorigen Programm leise Töne unterzubringen ist oft eine schwierige Gratwanderung zwischen Anspruch, Ernst und Kitsch. Und dennoch: Auch solche Themen haben an einem unterhaltsamen Abend ihre Berechtigung, ja sogar ihre Notwendigkeit.

Im vorliegenden Fall haben wir versucht, eine Thematik zu finden, die die Zuschauer gleichermaßen anrührt und bewegt. Ein bloßes Liebeslied oder eine Elegie erschien uns nicht passend, den moralischen Zeigefinger wollten wir auch nicht erheben, sondern passende Bilder für Gefühle finden und damit abseits von Mißverständnissen melancholische Töne anschlagen. Was den Franzosen mit poetischer Sprache und wunderbaren Chansons gelingt, muß doch auch auf deutsch möglich sein.

Einen Liedtext hatten wir samt Melodie vorbereitet, aber es fehlte der passende Rahmen, um nicht in seichten Kitsch abzugleiten. Da erinnerte sich Frl. Wonder an ein Kindergebet aus ihrer Jugend, das sie im hintersten Winkel ihres Gedächtnisses aus fernen Zeiten herübergerettet hatte. Es ging um bedingungslosen Kinderglauben, um ein Gefühl der Geborgenheit, der vertrauensvollen Überantwortung des eigenen Daseins an eine höhere Existenz. Trotz intensiver Suche waren aber weder Original noch Autor zu ermitteln. Die Erinnerung daran war auch nur bruchstückhaft, aber wo sie verblaßt war, half Phantasie, die Lücken zu füllen. Wo in der Vorlage vielleicht von Gott oder Jesus die Rede war, haben wir alles auf einen Schutzengel übertragen, weil dieses Symbol zum einen überkonfessionell und zum andern in jedem archetypisch verankert ist. Man zeige mir

denjenigen, der nicht heimlich irgendwann in seinem Leben an die Existenz seines persönlichen Schutzengels geglaubt hätte.
Auf diesem Hintergrund entstand dann der folgende Text. Wenn wir nur ansatzweise geahnt hätten, was wir damit auslösen! Daß ab und an im Zuschauerraum Tränen vergossen werden, hatten wir schon bei den vorigen Programmen erlebt, aber die kollektive Besinnung während dieses Liedes war überwältigend.
Zwischenzeitlich haben uns -zig Briefe erreicht, in denen uns Zuschauer mitgeteilt haben, daß sie sich ebenfalls von früher an die vorangestellte Geschichte erinnerten. Dutzende Kopien mit Quellenangaben wurden uns zugesandt, in denen diese Geschichte immer wieder auf andere Weise erzählt wurde. Die Urheberangaben reichten dabei von »indianische Weisheit« und »kanadisches Märchen« über »afrikanische Legende« bis hin zu »chinesische Erzählung« und »Gebet aus Taizé«. Die Geschichte schien weltweit durch alle Völker und Kulturen bekannt zu sein. Nur ein einziges Mal fiel konkret ein Autorenname, und zwar Margaret Fishback Powers, die Anfang der Siebziger ein Gedicht ungefähr desselben Inhalts veröffentlichte. Ob sie es »erfunden« oder auch nur tradiert hat, konnten wir nicht klären. Nie waren jedenfalls zwei der uns zugesandten Erzählungen identisch, und nirgends war eine Version, die wie bei uns von einem Schutzengel gehandelt hätte.
Nehmen wir's vielleicht einfach als das, was es ist: eine mit vertrauten Bildern besetzte und aus tiefer Sehnsucht nach allumfassender Geborgenheit erzählte Legende – und vor allem eine wunderschöne Geschichte. Wer Näheres weiß, lasse es uns bitte wissen.

……… isch freu misch ………………………………127

Sprechtext:
Ich weiß nicht, wie es Ihnen geht, aber ich habe mir aus meiner Kindheit über die Jahre hinweg eine kleine spirituelle Ader bewahrt, eine Art esoterisch-mystische Verbindung zu dem, was man allgemein seinen Schutzengel nennt.

Kürzlich hatte ich nun eine Art Vision, da erschien mir mein Schutzengel und zeigte mir mein Leben von Beginn an bis zum jetzigen Moment, und wir wanderten quasi gemeinsam den Strand meines Lebens entlang.

Im Sand waren stets zwei Spuren zu sehen: links meine, und parallel rechts davon, wie es sich für einen Schutzengel gehört, seine. Bis zu dem Punkt in meinem Leben, wo es mir richtig schlecht ging; da konnte ich leider nur eine einzige Spur entdecken.

Ich war einigermaßen entrüstet und fragte meinen Schutzengel: »Was ist jetzt aus Deinem Versprechen geworden, mich ein Leben lang treu zu begleiten? Wenn es mir gut ging, waren unsere beiden Spuren zu sehen, und wenn ich Dich gebraucht hätte, nur eine.« Darauf meinte er tröstend und mit sanfter Stimme: »Ich habe mein Versprechen gehalten. Wann immer es Dir gut ging, war ich bei Dir, war die linke Spur Deine und die rechte meine. Und wann immer es Dir schlecht ging und Du nur eine Spur gesehen hast, so war es auch meine ... Da habe ich Dich getragen.«

Das Schutzengel-Lied

Manchmal liege ich wach,
Und ich denke an damals.
Was ist denn nur passiert?
Wir warn doch so verliebt!

Das,
Was mal Liebe war,
Verfiel dem Alltagsgrau.

Wortlos schaust Du mich an
Mit der Macht der Gewohnheit,
Deine Augen sind leer –
Ganz ohne Emotion.

Nichts
Von der Illusion
Hat überlebt bis heut.

Es verwehten leis wie Schatten,
Wie Figuren an der Wand,
Alle Träume, die wir hatten,
Alles, was uns einst verband.

Alles, was wir uns erdachten,
Wie wir träumten, liebten, lachten,
Hand in Hand zu zweit
Gehn wir allein durchs Leben.
Laß uns nochmals neu beginnen,
Eines Beßren uns besinnen,
Bis das Feuer wieder neu entfacht!

.... isch freu misch 129

Denn ich laß es nicht zu,
Daß wir zwei uns verlieren.
Schließlich warst es ja Du,
Dem ich einst hab vertraut.

Denk
Auch einmal daran,
Wie es mit uns begann.

Du hast Dich von Grund verändert,
Seit wir uns dereinst gesehn;
Wie die Zeit die Dinge ändert!
Was ist nur mit uns geschehn?

Wie es war in alten Zeiten,
Möchte ich Dich treu begleiten,
Möchte ich für Dich
Die Hand ins Feuer legen.
Das, was wir uns einst erdachten,
Wie wir träumten, liebten, lachten,
Soll für uns erneut ein Anfang sein.

Wenn es noch existiert,
Dieses Feuer der Liebe,
Haben wir eine Chance,
Uns neu zu arrangier'n.

Sag
Einfach nur »Ich will!« ...
Das kann ein Anfang sein.

(Licht dimmt leicht ab; in Frl. Wonders Handfläche erscheint symbolisch eine lodernde Flamme, parallel dazu hört man bei ausklingender Musik und verlöschendem Licht die Stimme des Engels von oben:)

»Und denk immer daran –
Wenn Du nur eine Spur gesehen hast,
So war es meine … .
Da habe ich Dich getragen!«

(Licht erlischt gleichzeitig mit der Flamme zum Ende der Musik)

.... isch freu misch 131

Die Jungs vom Hinterhof
Eine schwäbische Boygroup

Elfriede Schäufele ist nicht nur Raumpflegerin aus eigenen Gnaden, sondern als solche auch eine mit Stil. Bei ihren Auftritten platzt sie nicht einfach derb herein, nein, sie läßt sich ihren Auftritt vorbereiten und so quasi einen roten Teppich ausrollen.
Hier ist es die schwäbische Variante einer Boygroup, die sich singend zur Kehrwoche, der urschwäbischsten aller Tugenden und Pflichten, äußert und so den Boden bereitet für einen erneuten Bericht »Zur Lage der Nation«.

Hallole, hallole, hallole und »Grüß Gottle!«
Wir sind, wir sind vom VFB d' Maskottle.

Wir zwei sind sexy, und wir sehen gut aus,
Und das, obwohl wir Schwaben sind!
Wir zwei sind sauber, und wir putzen uns raus,
Bei uns sind nur die Spiegel blind.

Wir Schwaben sind halt aus 'nem ganz b'sondren
                                                          Holz,
Wir sind schweigsam, reinlich und g'stählt,
Auf uns're saubre Gehsteig, da sind wir stolz,
Es gibt nur eins, was für uns zählt:

Herr Nachbar, Herr Nachbar,
Wir sehen Deinen Dreck noch,
Komm 'rab, komm 'rab,
Komm 'rab, und mach Dei' Kehrwoch!

Herr Nachbar, Herr Nachbar,
Wir sehen Deinen Dreck noch,
Komm 'rab, komm 'rab,
Komm 'rab, und mach Dei' Kehrwoch!

Sprechtext aus dem Off:
Elvira, i hab Dir g'sagt, bei uns wird der Müll sauber getrennt: Glas zu Glas, Papier zu Papier, Asche zu Asche und Staub zu Staub ... Momentle, i tu's schnell rauf in d' Kuttereimer!

(Aufzug fährt während des Liedes nach oben, Elfriede steigt staubbeutelbewehrt heraus, sieht sich suchend um, erblickt die adretten Tänzer und wirkt spontan bei der Choreographie mit)

Elfriede, Elfriede, komm her, Du altes Mädel,
Elfriede, Elfriede, komm her, Du altes Mädel.

Elfriede, Elfriede, komm her
Und schwing Dein' Wedel,
Elfriede, Elfriede, komm her
Und schwing Dein' Wedel.

(Während die Tänzer die Hüften verführerisch kreisen, schwingt Elfriede zuerst den Staubmop, dann wieder in der für sie typischen und bereits patentierten Weise die Halskette.)

.... isch freu misch 133

Elfriede Schäufele

Wie gesagt, Elfriede ist mit den Fischerchören viel unterwegs und lernt dabei zwangsläufig die eine oder andere Berühmtheit kennen. Natürlich werden auch die nicht von ihren Lästereien verschont. Hier ein paar geistige Ergüsse, die sich im Laufe der Jahre angesammelt haben.

Mit Statistik können Sie alles belegen. So sind zum Beispiel in Deutschland 50 % aller Ehepaare Männer ...

Anderson, Pamela: Schon seltsam – alle schimpfen auf die Chemie, aber keiner auf die Blondierten.
Pamela mußte ein paar Tage Drehpause einlegen wegen eines kleinen Unfalls. Als sie sich beim Pizza-Einkauf zu tief über die Kühltruhe gebeugt hat, ist ihr die linke Brust explodiert.
Dreht die eigentlich bei jedem Wetter, oder gibt es auch Temperaturen, bei denen Silikon spröde wird?

Charles, Prinz: Daß die Ehe von Charles und Diana nicht gutgehen konnte, habe ich schon von Anfang an gewußt. Das war statistisch vorauszusehen. Ich habe nämlich folgende Theorie: 50 % der Menschheit sind hübsch, 50 % sind häßlich. Deshalb muß was Hübsches immer mit was Häßlichem zusammen, damit das Verhältnis gewahrt bleibt. Wenn jetzt unsere Claudia Schiffer ihren David Copperfield heiratet, dann wären ja schon zwei Hübsche weg vom Markt; so gesehen muß also Charles wohl seine Camilla heiraten, damit der Prozentsatz wieder stimmt.

Jackson, Michael: Der kann seine Nase mittlerweile überall reinstecken. Plopp und weg.

Jürgens, Udo: Hat unser gemeinsames Konzert im letzten Moment abgesagt – wegen der Konfirmation seiner neuen Freundin.
Kürzlich hat Udo schon wieder ein uneheliches Kind anerkannt. Wenn er so weitermacht, stirbt er einmal an Über-Zeugung.

.... isch freu misch 135

Pavarotti, Luciano: Er war kürzlich mit seiner Sekretärin auf »Konferenz« ... Er findet halt immer wieder eine Dumme, die sich an den Benzinkosten beteiligt.

Taylor, Liz: Sie hat den Begriff der Instant-Ehe erfunden; ich bin sicher, sie schwört bald wieder ewige Reue. Naja, ihr richtiges Alter hält sie unter Verschluß, es wird demnächst radiologisch ermittelt.

von Almsick, Franziska: Franzi wünscht sich schon seit Jahren nur eines: ein breiteres Becken. Anläßlich einer Benefiz-Veranstaltung hat Franzi mich einmal zum Wettbewerb herausgefordert – zum Brustschwimmen. Okay, sie hat gewonnen. Aber sie hat auch schlimm gemogelt, denn sie hat die Hände zu Hilfe genommen.

Waigel, Theo: Ist bei den Biermachern sehr beliebt, denn er kann mit den Augen brauen.

Wecker, Konstantin: Als ich ihm das letzte Mal auf einem gemeinsamen Konzert begegnet bin, hat er gestrahlt wie ein Schneekönig. Mittlerweile hat er aber von Koks die Nase voll.

Sissi – Neues vom Kaiserhof
Der Komödie 3. Teil (... mit den durstigen Blumen)

In dieser Folge bekommen Franz und Sissi es mit äußerst durstigen Blumen zu tun. Darüber hinaus haben wir Sissi einfach ein wenig Kaufrausch unterstellt ... Das kann doch nicht erst Fergie erfunden haben! PS: Für Interessierte: diese Parodie dauert alles in allem 7'49 Minuten und besteht aus 397 digitalen Schnittbearbeitungen!

Ansager: Wo ist denn die Sissi?
Franz: Sie kauft schon wieder ein.
Ansager: Na bravo!
Sissi: Grüß Euch Gott, ich freu mich, freu mich, freu mich, daß ich wieder da bin! ... Naja, manchmal glaube ich, ich bin in einem schlechten Film ...

.... isch freu misch 137

Nur für den Augenblick
(Musik zum Abschminken)

Ich hab so oft im Leben
Die Nacht zum Tag gemacht –
Für diesen Augenblick.
Um hier vor Euch zu stehen
In Glanz und etwas Pracht –
Nur für den Augenblick.

Ich stehe auf der Bühne,
Das ist mir wohlvertraut,
Und kehr zurück am Ende
In meine alte Haut –
In diesem Augenblick,
In diesem Augenblick.

Der Zauber dieser Nacht,
Der mich umfangen hält,
Der bleibt auch noch bestehn,
Wenn jetzt die Maske fällt –
Im nächsten Augenblick,
Im nächsten Augenblick.

Schau, alles geht vorbei
Und wird Vergangenheit
Und kehrt nie mehr zurück.
Geliebt, geweint, gelacht,
Du hast es durchgemacht –
Drum leb den Augenblick.

Zwei Seelen, ja die wohnen
Vereint in meiner Brust,
Verschaffen Illusionen,
Das ist mir wohl bewußt –
In jedem Augenblick,
In jedem Augenblick.

Aus Illusion erwächst
So manche Träumerei.
Ein glücklicher Moment
Geht oft so schnell vorbei,
Bewahr den Augenblick,
Er bringt in Dir zurück
Ein kleines Stück vom großen Glück.

Genieß den Augenblick
Wie einen schönen Traum,
Gib Deiner Phantasie
Bisweilen etwas Raum.
Mach diesen Augenblick
Zum schönsten Augenblick

Sprechtext:
Schön, daß Sie da waren. Ich freu mich
Auf ein Wiedersehn.
Und denken Sie immer daran:
Jeder Tag, an dem Du vergessen hast
Zu lächeln,
Das war ein verlorener Tag.
In diesem Sinne: ciao.

……… **isch freu misch** ………………………………**139**

Der Mann dahinter ...

Michael Panzer (Jahrgang 1967) steht hinter Frl. Wommy Wonder, die incl. Stöckel und Frisur die 2,30-m-Marke übersteigt. Nach einem abgeschlossenen Studium in katholischer Theologie (ja ja!) und Germanistik mit Schwerpunkt auf den alten Sprachen widmet sich der gebürtige Oberschwabe und jetzige Wahlstuttgarter nun ganz den Brettern, die die Welt bedeuten.
Mit seinem Debütprogramm »Traumexpreß« schlug er Ende 1991 ein wie eine Bombe – mittlerweile ist er Baden-Württembergs erfolgreichster Solotravestiekünstler und bundesweit einer der gefragtesten. Moderationen oder Conférencen, Parodien oder Persiflagen, Modeln auf Modeschauen und Live-Gesang bei Bedarf in fünf Sprachen sowie die selbstkreierten Texte und Kostüme, das macht seine Shows zu Publikumsmagneten und sprengt in vielerlei Hinsicht das, was man ansonsten in diesem Genre zu sehen bekommt.

Das schreibt die Presse ...

»Eine Travestie-Show mit Liebe zum Detail, so vielseitig und facettenreich wie das Leben selbst.«
(Esslinger Zeitung, April 1994)
»Vorsicht – es besteht Suchtgefahr!«
(Reutlinger Wochenblatt, August 1994)
»Selbst wenn Frl. Wonder vordergründig eine Parodie vorgaukelt, persifliert sie zwischen den Zeilen gängige Klischées und verwebt mehr kabarettistische Elemente, als einem im ersten Moment bewußt wird – Tip: mehrmals hingehen!«
(Salzburger Nachrichten, März 1995)
»Origineller als Mary!« (Schwäbische Zeitung, August 1995)
»Seine Sissi-Nummer: eine zwerchfellerschütternde Parodie« (Südwestpresse, Dezember 1995)
»Frl. Wonder ist so ziemlich das Beste, was der Travestieszene momentan passieren konnte«
(Ludwigsburger Kreiszeitung, März 1996)
»Eine erotische Infusion!«
(Stuttgarter Nachrichten, August 1996)
»Witzige Parodie mit Slapstick und einem Schuß knitzen schwäbischen Hintersinns«
(Stuttgarter Zeitung, August 1996)
»Kokettes Spiel zwischen Schein und Sein«
(Kornwestheimer Zeitung, September 1996)
»Feine Unterhaltung für Menschen, die das Niveau haben, zwischen den Zeilen zu lesen!«
(Ludwigsburger Kreiszeitung, Oktober 1996)
»Sie werden lachen, lachen, lachen!«
(PRINZ, Oktober 1997)

Fotonachweise

	Seite
Gerlinde Trinkhaus, Reutlingen	3
Ulli Wellinger, Friolzheim	9
Markus Luem, Hohenstein	11
Martin Brandmayer, Bondorf	15
Martin Stricker, Berlin	20
Martin Brandmayer, Bondorf	22
Markus Luem, Hohenstein	24
Markus Bastian, Reutlingen	36
Ulli Wellinger & Jochen Kuhnle, Friolzheim	45
Markus Luem, Hohenstein	49
Markus Luem, Hohenstein	58
Markus Luem, Hohenstein	64
Reutlinger Wochenblatt, Reutlingen	74
Markus Luem, Hohenstein	78
Markus Luem, Hohenstein	84
Klaus Gröner, Stuttgart	86
Martin Heukeshoven, Kernen	89
Martin Brandmayer, Bondorf	97
Martin Brandmayer, Bondorf	101
Martin Brandmayer, Bondorf	108
Martin Stricker, Berlin	110
Martin Brandmayer, Bondorf	112
Uwe Hügle, Tübingen	131
Markus Luem, Hohenstein	134
Martin Brandmayer, Bondorf	137
Waltraud Wolf, Altheim	140

………ww……………………………………………143

Kontaktadresse

Frl. Wommy Wonder
c/o Michael Panzer
Obernitzstraße 4, 70190 Stuttgart
Telefon (0711) 2 85 97 58
Fax (0711) 2 85 97 28